AF140401

Freizeitpark für die Psyche

Freizeitpark für die Psyche

Tagebuch eines Kranken

Burke Hops

Wer eine Familie hat wird von dieser geprägt:
Sie verleiht einem die notwendige Kraft
schwere Zeiten zu überstehen.
Daher widme ich dieses Werk meiner Frau
und meinen beiden Kindern.

Ein besonderer Dank an meine Schwiegertochter
für ihre hilfreichen Tipps.

Bibliografische Information der Deutschen Nationalbibliothek:

Die Deutsche Nationalbibliothek verzeichnet diese Publikation in der Deutschen Nationalbibliografie; detaillierte bibliografische Daten sind im Internet über dnb.dnb.de abrufbar.

Herstellung und Verlag

BoD – Book on Demand, Norderstedt

ISBN: 9 783739245003

Inhaltsverzeichnis

Mit meiner Familie, Frau und zwei Kindern, mache ich mich auf den Weg vom Bodensee in den Schwarzwald. Am Steuer sitzt mein Schwiegervater der sich bereit erklärt hat, diese kurvenreiche Strecke zu fahren. Auf der schmalen Straße, die sich durch einen sommergrünen Laubwald schlängelt, spiegelt sich die Sonne wieder. In der grellen Mittagssonne des Spätsommers, flimmert der heiße Asphalt auf, als sei es das unwirkliche Bild einer Fata Morgana. Der Übergang vom Sommer in den Herbst ist bereits deutlich erkennbar. Langsam verdrängen die Blätter ihr Grün und bringen neue, viel hellere Töne hervor. Das leuchtende Gelb und die klare sonnendurchflutete Luft verheißen einen goldenen Herbst.

Im Kreise meiner Familie, die hinter mir im Wagen die schöne Aussicht genießt, denke ich noch einmal über den Sinn dieser Reise nach. Während meine Kinder das Gefühl haben, sich auf einem Familienausflug zu befinden, kommen mir selbst ganz andere Gedanken. Noch einmal kommt mir der Ärger mit dem Juniorchef in den Sinn. Auch der Unfall vor wenigen Wochen spukt noch in meinem Gedächtnis herum und vor allem die schwere Krankheit meiner Frau. Immer wieder kommen in mir Fragen auf: „Ist diese Reise überhaupt notwendig?

Wird sie von Erfolg gekrönt sein?" Je näher ich meinem Ziel komme, desto größer wird die Unsicherheit. „Wozu das Ganze?"

Meine Gedanken werden unterbrochen als der Schwiegervater auf einem Parkplatz vor einem großen Gebäude hält. Wir steigen aus, holen mein Gepäck aus dem Kofferraum und betreten als Familie eine große Empfangshalle. Vor uns befindet sich eine Rezeption, vor der bereits einige Menschen warten. Andere haben auf den bequemen Sesseln in einem angrenzenden Nebenraum Platz genommen und warten darauf hier aufgenommen zu werden. Nach einer kurzen Anmeldung werde auch ich dorthin verwiesen.

Der Familienausflug findet hier abrupt sein Ende. Da unser Fahrer noch vor dem dunkel werden wieder zu Hause sein möchte, ist es Zeit, Abschied zu nehmen. Es ist das erste Mal, dass ich von Frau und Kindern für einige Wochen getrennt werde. Während sie die Rückfahrt antreten werde ich selbst in diesem „Freizeitpark für die Psyche" willkommen geheißen. Hier gibt es Vergnügungen anscheinend nur für „Singles", für Frauen und Männer, Mütter, Väter und auch Jugendliche. Oftmals werden sie, so wie ich selbst, von Familienangehörigen gebracht, dann aber gleich wieder allein gelassen. Die Tore dieses „Freizeitparks" schließen sich.

Die Familien der Neuankömmlinge sind fort. Die

Besucher der schon länger verweilenden Feriengäste haben ebenfalls dieses, mir noch unbekannte Gebäude verlassen. Wie ich erfahren konnte, sind einige Gäste bereits schon das zweite oder sogar dritte Mal hier. Offensichtlich haben sie sich hier wohl gefühlt. Somit haben diese Frauen und Männer einen großen Vorteil: Sie kennen bereits diese Einrichtung und auch andere Einrichtungen dieser Art, von denen es sehr viele zu geben scheint.

Sie schießen wie Pilze aus dem Boden und jeder, so habe ich den Eindruck, befindet sich auf den Weg dorthin. Dort, wo etwas los ist, wo das Vergnügen daheim ist. Solange es Menschen gibt, wird es auch die Beschäftigung geben, harte Arbeit, die Sorge um das tägliche Brot.

Denker, Erfinder, Gelehrte, Genies, Zauberkünstler und Scharlatane fanden vor Jahrtausenden andere Wege in die Beschäftigung: Das bunte Treiben auf den Marktplätzen, die Spiele der Reichen, in den Tempeln der Pharaonen, oder in den Gossen der Großstadt, wo sich Jungen und Mädchen ihrem Spiel hingaben. Während sich damals einzelne mit dieser neuen Materie beschäftigten und immer wieder Neues ersannen, so gibt es heute tausende und abertausende, die sich ihr Brot damit verdienen, dass sich Millionen auf die eine oder andere Art vergnügen können.

Eine Industrie ist entstanden, eine regelrechte Schlacht

um das Imperium tobt. Die Massen bewegen sich dorthin, wo sie entstehen. Kein Weg scheint zu weit in die Vergnügungsparks dieser Welt, keine Mühe zu groß. Seit vielen Jahren mache ich einen weiten Bogen um diese begehrenswerten Plätze. Dort, wo die Massen sind, ist nicht meine Welt und dennoch scheine auch ich auf der Reise zu sein. Es ist ein weiter Weg, ein Weg, der viele Jahre dauert.

Ich frage mich, wie ist das möglich? Die Zeit eines Marco Polo ist längst vorbei, angesichts der technischen Errungenschaften unseres Jahrhunderts. Auf meiner Reise sind einige Hindernisse zu bewältigen, Baustellen, Unfälle und immer wieder kilometerlange Staus, die Alles zum Erliegen bringen. Und nun bin ich doch hier, in einem „Freizeitpark" ganz anderer Art.

Angekommen

Etwas schüchtern betrete ich ein mir unbekanntes und völlig neues Gebiet. Herzlich werde ich aufgenommen und ein Zimmer mit zwei Betten wird mir zugeteilt. In der Mitte des Raumes befindet sich ein kleiner runder Tisch mit zwei Stühlen. In der linken Ecke, neben dem Fenster, ist ein Kleiderschrank, der schon zur Hälfte belegt ist. Hier ist schon jemand vor mir eingezogen. Mein Wunsch, ein Einzelzimmer zu beziehen, wird offensichtlich bewusst ignoriert.

Wahrscheinlicher noch ist es, dass es gar keine Einzelzimmer mehr gibt. Dieses Haus ist zur Zeit völlig belegt. Damit wird dieses karg eingerichtete Zimmer für mindestens sechs Wochen mein zu Hause. Ein langes Vergnügen. Ist es überhaupt ein Vergnügen? Es wird sich zeigen.

Wie in jedem „Freizeitpark" wird man auch hier herumgeführt und kann alles genau betrachten. Küche, Speisesaal, Aufenthaltsräume, Werkstatt, Hobbyraum, Turnhalle und Schwimmbad werden uns gezeigt. Viele weitere Gänge und Räume werden entdeckt. Es wird gerätselt, was wohl noch alles im Verborgenen liegt.

Nach dem Rundgang wird mir ein Stuhl in einem kleinen Seitengang zugewiesen. Wieder warten und sitzen bis sich die Tür für mein erstes Gespräch öffnet.

Von fern erklingt Musik. Musik aus den 70ern, wenn ich mich recht erinnere: Mendocino. Plötzlich geht irgendwo eine Tür auf und die Musik wird lauter. Junge und alte Menschen kommen tänzelnd an mir vorbei und singen immer wieder: Mendocino. Das war der Hit von Michael Holm: „Nimm mich bitte mit nach Mendocino".

Die Musik und die vorbeigehenden Menschen verwirren mich etwas. Obwohl ich auf einen Arzttermin warte, habe ich nun wiederholt den Eindruck, ich sei in einem „Freizeitpark". Doch warum warte ich hier auf einen Arzt? Ich hatte doch keinen Unfall, oder? Das heißt, so weit weg ist der Gedanke überhaupt nicht. Vielleicht hatte ich doch einen Unfall! Wieso verwirren mich diese Fragen so? Eigentlich müsste ich das doch wissen. Bin ich wegen eines Unfalls hier oder ist es eher eine Krankheit? Nun, es könnte sein, dass es mein Arzt herausfinden wird.

Wer jetzt immer noch rätselt, in welchen der vielen Vergnügungsparks ich wohl untergekommen bin, dem sei gesagt, dass nicht jeder hier reinkommt. Die Tür zum Arztzimmer geht auf, die Arbeit kann beginnen. Ich befinde mich in einer Fachklinik für psychogene Erkrankungen. Spätestens jetzt mag der Einwand kommen, wie es denn möglich ist, dass ich eine Fachklinik für psychogene Erkrankungen mit einem gewöhnlichen „Freizeitpark" verwechseln konnte.

Ich muss gestehen, das hatte ich bisher auch nicht für

möglich gehalten. Doch jetzt sehe ich Menschen, die Tränen in den Augen haben, weil sie nach Hause dürfen. Nicht etwa aus Freude, nein, aus Trauer. Offensichtlich hat es ihnen hier sehr gut gefallen. Es ist paradox, aber es muss was dran sein, dass ich nun an einen „Freizeitpark für die Psyche" denke.

Seit einigen Jahren befinde ich mich in einem Dschungel. Das Leben erscheint mir manchmal wie ein undurchdringbarer Wald aus dem es keinen Ausweg mehr gibt. Tagsüber faszinieren mich die schillernden Farben und die unterschiedlichen Geräusche dieses Dickichts. Die Nacht ist erdrückend und flößt Angst ein.

Die Reise meines Lebens, mit ihren Höhen und Tiefen, führt mich in eine tiefe Wildnis. Hier kenne ich mich nicht mehr aus. Hinweisschilder, die einen Ausweg zeigen, habe ich offenbar übersehen. Dennoch gibt es eine begründete Hoffnung: „Reisebegleiter". Sie haben meinen Hilferuf gehört und mich in ein „Freizeitcamp" gebracht. An einem Lagerfeuer setze ich mich nieder. Meine Psyche ruht sich nun von den Strapazen der Safaritour aus:

Während des Gesprächs mit meiner Ärztin halte ich eine Behandlungskarte in meinen Händen, die 39 verschiedene Verordnungen enthalten, die hier im Haus angewendet werden. Bis morgen werde ich mir Gedanken darüber machen müssen, welche dieser Vorschläge für mich in Frage kommen könnten.

Gleich fällt mir der Therapiepunkt 15 ins Auge, - Bewegungsspiele. Hier wird also gespielt. Schwimmen, Musik hören, Tanztherapie, Folklore, Werken und Gestalten, um nur einige zu nennen. Da sage mir noch mal einer, das hier sei kein „Freizeitpark".

Das Vorstellungsgespräch wird kurzgehalten. Nur einige wenige Daten zu meiner Person wurden in das Krankenblatt aufgenommen. Der Tag ist fast vorbei. Ein ausführliches Gespräch steht noch aus.

Wieder sind mehrere Gäste dieser Anlage unterwegs. Obwohl ich mich noch nicht für ein bestimmtes Projekt entschieden habe, schließe ich mich dieser Gruppe an. Gemeinsame Ziele erhalten wir oft durch gemeinsame Gefühle. Nach einem langen Tag habe ich tatsächlich mit diesen mir unbekannten Menschen das gleiche Gefühl, ein Hunger-Gefühl. Damit begebe ich mich zum ersten Mal in den großen Speisesaal. Die Überlegung, welchen der vielen Plätze ich mir aussuche, wurde mir abgenommen. Für alles gibt es einen Plan und wenn es nur ein Plan zum Sitzen ist.

Vor einer großen Glastheke bildet sich eine Schlange. Eine Herde weiß immer wo es Futter gibt und so stelle ich mich mit an. Die Auswahl an Speisen ist groß. Jeder kann sich hier frei bedienen, es sei denn ihm wird eine Diät auferlegt, was bei mir nicht der Fall ist. Die Vorgehensweise meiner Behandlung ist noch nicht abgeklärt. Teilnahmslos sitze ich anschließend an einem

Tisch mit zwei anderen Patienten. Wort- und lustlos wird das Abendessen verzehrt.

Danach wird es Zeit für einen kleinen Spaziergang. Einmal um das Gebäude herum. Die Gegend inspizieren. Nachschauen, wo man denn nun letztendlich gelandet ist. Der naheliegende Wald ermuntert mich zu einem größeren Gang, doch nicht mehr heute Abend, denn hier gibt es Schließzeiten.

Der Tag ist vorbei. Ab 22.00 Uhr halten sich die Gäste dieses „Freizeitparks" nur noch in ihren zugeteilten Zimmern auf. Nun treffe ich auf meinen Zimmerkollegen der tagsüber genauso beschäftigt war wie ich selbst. Der Mann aus Bayern macht einen sympathischen Eindruck. Hoffentlich bleibt das auch so, wenn er mich erst einmal schnarchen hört.

Dies ist übrigens der Grund, warum ich unbedingt ein Einzelzimmer haben wollte. Meine Befürchtungen der Lärmbelästigung zerschlagen sich, zumindest was die erste Nacht betrifft. Von meiner Seite her gibt es keine nächtlichen Störungen, denn vieles, was ich heute sah und hörte, spukt noch lange in meinem Kopf herum, so dass ich keinen Schlaf finden kann. Wenn ich wach im Bett liege, störe ich niemanden - nur mich selbst, mit Gedanken die quälen.

Was macht man in einem „Freizeitpark" wenn die Lichter ausgehen? Hier ist nichts mehr los. Im Zimmer gibt es kein Radio und keinen Fernseher. Mein Zimmerkollege befindet sich bereits im Land der Träume. Aus seiner Ecke dringen laute Geräusche an mein Ohr. Der Bayer zersägt gerade den Schwarzwald. Nach einem langen Tag möchte auch ich gern schlafen. Ich lege mich ins Bett und lösche das Licht.

Nun spüre ich den Stress der letzten Tage. Rasende Kopfschmerzen. Mein Körper ist völlig erledigt. Er schmerzt. In den Füßen ein furchtbares kribbeln als seien sie von Ameisen befallen. Die Arme liegen schlaff an meinem Körper. Auf dem Rücken liegend glotze ich an die Decke. Meine Augen haben sich der Dunkelheit angepasst und nun erkenne ich Konturen. Die Bäume vor unserem Fenster übertragen ein Schattenspiel auf die weiße Zimmerdecke. Dabei komme ich ins Grübeln.

Mein Geist ist grell wach und erinnert sich an die Kindheit. An die Zeit in der ich nachts Albträume hatte. Diese traten in regelmäßigen Abständen auf. Meine Nase, die Atemwege, waren verstopft. Nur sehr schwer bekam ich Luft. So holte ich mir die notwendige Luft durch einen weit geöffneten Mund. Das Problem waren Nasenpolypen. Kommt nun noch eine Erkältung hinzu steigt der Druck im Kopf. Leichte Erkrankungen, wie Schnupfen und Husten, wurden bei mir zur Qual. Bei jeder Erkältung das gleiche Spiel: Albträume. Merkwürdigerweise waren es immer die gleichen Träume: Ich wurde lebendig begraben. Über mir wurde eine Autobahn gebaut. Sie wurde asphaltiert und mit Dampfwalzen begradigt. Anschließend bretterten tausende von Autos über diese Straße. Bei diesem immer wiederkehrenden Traum gab es eine kleine Variante. Anstelle von Autos galoppierten auch schnelle Wildpferde über meinem Kopf, der tief unter dem Asphalt lag.

Wenn ich am nächsten Morgen verschnupft am Frühstückstisch saß, sah mich meine Mutter an und fragte: „Na Junge, wieder diesen Traum gehabt?" Irgendwann gab es dann mal einen Termin beim Hals - Nasen Ohrenarzt. Der Mann mit seinem Spiegel an der Stirn war für mich ein Folterknecht.

Natürlich wollte der Arzt nur helfen. Doch die Methoden der Sechziger unterscheiden sich sehr von den heutigen. Zur Therapie von Nasenpolypen werden zunächst erst einmal Medikamente verschrieben, wie zum Beispiel ein Nasenspray. Kommt es zu keiner Besserung müssen die Polypen operativ entfernt werden. Das geschieht unter Vollnarkose und ist somit noch recht human, wenn man bedenkt wie Polypen früher entfernt wurden.

Noch bevor ich in die Schule kam spürte ich die erste lange Nadel in meiner Nase. Sie wurde durch die Nebenhöhlen bis in die Stirnhöhle geschoben. Ich hatte immer das Gefühl das jemand in meinem Kopf spazieren geht. Die verstopften Nasennebenhöhlen wurden einfach durchstochen. Eine schmerzhafte Tortur. Eiter oder Schleim kann dann abfließen. Danach sind die Atemwege wieder frei.

Es ist nur eine Frage der Zeit wann dieses Problem wieder auftritt. Inzwischen war ich in der dritten Klasse. Während meine Schulkollegen nach dem Läuten nach Hause gingen machte ich mich wieder einmal auf den Weg zum HNO.

In dieser ersten Nacht im „Freizeitpark" denke ich an eine verstopfte Nase, die mir großen Verdruss und einen immer wiederkehrenden Albtraum bescherte. Diese Geschichte ist für mich schon sprichwörtlich geworden: „Ich habe die Nase voll!"

Nun kämpfe ich darum schlafen zu können. Die letzten Wochen vor dem Klinikaufenthalt bereiteten mir einige schlaflose Nächte. Zehn Wochen, nur ein oder zwei Stunden Schlaf pro Nacht, macht einen fertig. Doch der Geist ist unermüdlich. Er kämpft sich durch die Geschichte, meine Geschichte.

Inzwischen ist es weit nach Mitternacht und ich bin immer noch hell wach. Dann schlafe ich doch endlich ein, bin aber nach einer Stunde schon wieder munter. Die

Stunden im Bett vergehen nur sehr langsam. Meine Gedanken kreisen noch immer. So wird es 4.00 Uhr, 5.00 Uhr, 6.00 Uhr, dann das Wecken um 7.00 Uhr, oder besser gesagt, die Befreiung aus dem Bett, in dem ich nicht mehr liegen mag. Wenige Minuten später, noch vor dem Frühstück, der erste Termin: wiegen, messen und Blutdruck prüfen.

Tag 2:

Der Anfang

Das erste Frühstück wird für mich zur Qual. Mein Körper verlangt nach Schlaf, mein Geist ist hell wach. Übermüdet nage ich an einem Brötchen, nippe an dem heißen Kaffee, während mein Blick gesenkt ist. Jeden Blickkontakt vermeide ich peinlichst. Obwohl ich vieles zu berichten weiß, vermeide ich ein Gespräch mit meinen Tischnachbarn. Mein Geist rotiert, doch meine Zunge ist träge.

Gleich nach dem Frühstück gehe ich auf mein Zimmer zurück und unternehme den Versuch zu Schlafen. Je mehr ich an Schlaf denke, desto weniger gelingt es mir zur Ruhe zu kommen. Wieder kein Gelingen... Später reißt mich ein lauter Schnarcher aus dem leichten Schlaf. Erschrocken schaue ich auf die Uhr. Jetzt endlich könnte ich schlafen, doch in fünf Minuten ist der nächste Termin. Gerade noch einmal Glück gehabt.

Erneut sitze ich vor dem Arztzimmer. Gestern war es nur ein allgemeines Vorstellungsgespräch. Doch jetzt beginnen die ernsten Verhandlungen: Einzelpsychotherapie. Erneut sitze ich im Gang zum kleinen Arztzimmer und warte. Ich sitze und grüble und es kommen mir die merkwürdigsten Gedanken: In mir erwacht ein neues Gefühl, das Gefühl, ich sei eine

Roulette-Kugel.

Der Croupier hat das Rad des Lebens angeworfen und damit die weiße kleine Kugel in die entgegengesetzte Richtung ins Spiel gebracht. Die Kugel dreht sich um ihre eigene Achse. Sie stößt gegen Hindernisse und wird allmählich langsamer, bis sie anfängt zu trudeln. Endlich fällt sie in eines der 36 kleinen Fächer, die das Spiel zu bieten hat, (beziehungsweise 37 kleine Nischen, zählt man die Null mit). Besteht das Leben aus diesen Zufällen? Fallen kann jeder, das ist keine Schande. Ein Hindernis, ein kleiner Stein, schon stolpert der Mensch. Doch wer fällt, muss auch wieder aufstehen. Wer aber bringt die Kugel wieder in das Spiel? Fällt die Kugel in ein Fach, das nicht vom Spieler vorgesehen war, dann ist der ganze Einsatz weg. Alles verloren! So beschreibt es der russische Schriftsteller Dostojewski, in seinem Roman: „Der Spieler". Mir kommt es so vor, als habe der Croupier des Spiels schon lange gerufen: „Rien ne vas plus" (Nichts geht mehr)! Wer bringt die Kugel wieder in das Spiel? Diese Frage muss ich erneut unbeantwortet lassen. Die Doppeltüren des Arztzimmers öffnen sich:

„Sie haben schlecht geschlafen, habe ich gehört. Muss ich mir Sorgen machen?" - „Nein, ich schlafe in der ersten Nacht immer schlecht. Im Krankenhaus oder auf Schulung hatte ich die ersten Nächte immer Probleme. Das ist ein altes Übel. Ich hoffe, es geht heute Nacht besser." Eigentlich bin ich für eine angeregte Unterhaltung noch viel zu müde, doch nun soll ich erzählen, wie es dazu kam, dass die Roulette-Kugel zwischen den vielen Zahlen liegen geblieben ist und nun klemmt. Sie beteiligt sich nicht mehr am großen Spiel.

Ich weiß nicht, wie oft ich diese Geschichte schon erzählt habe. Psychologen, Therapeuten, Neurologen und Allgemeinmedizinern, heute zum x-mal. Hoffentlich hat das bald ein Ende. Diese Art der Wiederholung hasse ich.

In einigen Fernsehsendungen könnte ich mich mit einem Diplom-Psychologen unterhalten und meine Probleme ausplaudern. Oft denke ich: „Ruf doch mal an", und dann wieder, „wen geht das etwas an?" Und nun schreibe ich diese Zeilen in ein Buch. Vielleicht lesen es einmal meine Kinder. Schreiben ist gut, es befreit, lässt die Gedanken raus:

Inzwischen bin ich mit meinen Gedanken weit gewandert, habe vieles wieder auf einmal durchdenken wollen, dabei sollte ich doch erzählen. Ich erwache aus meinen Erinnerungen und beginne: „Schon als Kind hatte ich keine Ausdauer, keine Kraft, obwohl ich immer kräftig aussah. Die Schule hat mir Schwierigkeiten gemacht, nicht etwa das Lernen, nein, es waren die Menschen.

Schüchtern und gehemmt, wage ich es nicht jemanden anzusprechen oder auch nur einkaufen zu gehen. Nichts brachte ich zu Ende. Nicht die Schule, nicht die Lehre. Vor Prüfungen hatte ich Angst, obwohl ich vieles wusste und an vielem Interesse hatte. Aber wozu sollte ich es anderen erzählen. Konnte ich es nicht für mich behalten? Die Schule und die Kindheit gingen vorbei und nie legte ich eine Prüfung ab. Damals verstand ich es noch nicht: Das ganze Leben ist eine Prüfung."

Mir fällt auf, das die Psychologin mich nicht unterbricht. Sie stellt keine Fragen, auch wenn längere Pausen entstehen und so rede ich einfach drauf los, alles was mir einfällt, obwohl ich diese Frau noch gar nicht kenne. Irgendwo spüre ich tief im Innern eine Sympathie und so plätschern die Worte und Sätze einfach so heraus, wie ein Wasserfall: „Mein Ziel war es Missionar zu werden. Ich lernte Serbokroatisch und Englisch, predigte den Gastarbeitern aus Gottes Wort. Dabei legte ich nie eine Prüfung ab. Aber ich wurde frei, frei im Sprechen, in der Argumentation und Diskussion, im Vorträge halten, all das war für mich kein Problem mehr. Es war eine Zeit der Freude.

Doch wie in einer Achterbahn geht es nicht nur bergauf. Es kamen Höhen und Tiefen. Die kindliche Schwäche kam wieder durch und mein altes Nierenleiden. So ging ich dann zurück in das normale Berufsleben; als Anlagenführer in einer Galvanik, Molkereiarbeiter, Schleifer in einer Fabrik für optische Linsen, Außendienstmitarbeiter bei einer Versicherung,

Büroangestellter und einiges mehr...

Die letzte Arbeit übte ich mehr als acht Jahre aus. Dies war die längste Strecke auf meiner Reise, die ich zurücklegte. Zwischendurch war ich immer mal wieder arbeitslos. Seit meiner letzten Anstellung bin ich nun fast zwei Jahre krankgeschrieben. Demnächst erfolgt die Aussteuerung aus der Krankenkasse und dann falle ich noch mehr ab in dem sozialen Gefälle".

„Was haben Sie während dieser zweijährigen Krankheit gemacht?" Diese Frage der Ärztin belebt mich, denn ich hatte meinen ersten Roman geschrieben: „Das Geschäft mit der Seele". Ich bin stolz etwas zu Ende gebracht zu haben, wenn ich auch noch nicht weiß, wann und von welchem Verlag dieser Roman veröffentlicht wird oder ob er überhaupt jemals veröffentlicht wird. Aber zum ersten Mal habe ich etwas zu Ende gebracht. Diesen Roman! Ein weiterer ist geplant, etwas Historisches. Doch ich werde ihn noch etwas verschieben müssen, bis dieses Tagebuch vollendet ist.

Eine Stunde ist bald vorbei und so geht das Gespräch seinem vorläufigen Ende entgegen. Mit auf dem Weg bekomme ich die ersten Verordnungen, die morgen früh um 8.30 Uhr beginnen. Aber zuerst gilt es, diesen Tag irgendwie rumzukriegen. Müde und übernächtigt, zu nichts Lust. Kein Schach, nichts lesen, nur noch ins Bett, Mittagsschlaf halten.

Mein lebhafter Geist beginnt wieder zu arbeiten. Ich liege im Bett und denke an diese Zeilen, an das vergangene Gespräch. Ich wälze mich hin und her und finde immer noch keinen Schlaf. Der Tag neigt sich dem Ende zu. Es regnet seit Stunden und dennoch beschließe ich zu laufen, spazieren gehen, damit die Nacht leichter wird. Durchnässt komme ich heim. Nicht etwa, weil es regnet, sondern weil ich immer wieder, wie so oft, klitschnass geschwitzt bin. Der kalte Schweiß verrät die Schwäche meines Körpers. Zum zweiten Mal an diesem Tag gehe ich unter die Dusche und hoffe auf eine bessere Nacht.

Tischnachbarn

Am Abendbrottisch sitzen mir zwei Frauen gegenüber. Die ältere (ca. 60 Jahre) von beiden ist im Pflegeberuf tätig. Vor dem Essen betet sie. Ein Bild das in der Öffentlichkeit sehr selten geworden ist. Danach isst sie schweigend ihr Käsebrot. Obwohl sie kein Wort redet geht von ihre eine gütige und freundliche Wärme aus. Die jüngere Tischnachbarin (etwa 40 Jahre alt) spricht sie an:

„Sind Sie auch heute angereist?" „Ja." „Woher kommen Sie?" „Aus dem Rheinland." „Sind Sie noch berufstätig?" „Oh ja!" „…und was machen Sie?"

Das Frage und Antwortspiel hätte noch lange so eintönig weitergehen können, wenn die Frage nach dem Beruf nicht gekommen wäre: „Ich weiß gar nicht was ich hier soll? Seit mehr als 40 Jahren pflege ich selbst alte und kranke Menschen. Jetzt soll ich selbst krank sein? Heute haben mich meine Kinder hierhergebracht. Mir geht es doch gut!"

„Sie sind etwas blass", entgegnet die Sitznachbarin. Dann fügt sie noch hinzu: „…und sehr dünn." Die ältere stöhnt: „Ich weiß. Ein paar Kilo habe ich schon verloren. Das ist doch aber kein Grund mich in eine Psychiatrie zu stecken. Wie viele Menschen würden gern abnehmen? Sehen Sie die Dicke am Nachbartisch? Die hat doch ein größeres Problem als ich. Ihr muss man helfen, ich komme schon sehr gut allein klar."

Während des Gesprächs meiner Tischnachbarn denke ich mir: „Ich bin weder zu dünn noch zu dick. Warum bin ich eigentlich hier? Mein Problem ist äußerlich nicht zu erkennen. Bei mir ist im Inneren etwas in Unordnung geraten." Dann schaue ich mich im Speisesaal um und stelle fest das diese Gedanken wohl auf die meisten meiner Mitpatienten zutreffen. „Warum sind die alle hier? Die meisten sehen nicht gerade krank aus. Sie lachen und diskutieren miteinander. Doch für jeden einzelnen gibt es einen Grund hier zu sein."

Meine Gedanken werden von der Frau gegenüber bestätigt: „Ich verstehe Sie. Als mein Arzt das erste Mal von dieser Klinik sprach dachte ich auch, das ist etwas für andere. Mir geht es gut." Sie lachte: „Weder zu dick noch zu dünn. Eigentlich ganz normal gebaut, oder?" Die ältere nickte zustimmend: „Warum sind Sie nun hier, wenn ich fragen darf?"

Die 40jährige die anfangs eine Frage nach der anderen stellte wird nun bei der ersten Gegenfrage etwas nervös. Verlegen räuspert sie sich: „Eigentlich weiß ich das gar nicht so genau. Ich wollte von zu Hause weg, einfach mal weg. Wissen Sie, mein Mann..." Die Frau stockt, bringt den Satz nicht zu Ende.

In dieser Situation wird die Krankenpflegerin hellhörig. In ihr erwacht der Helferinstinkt: „Hat er sie geschlagen?" „Wer?" Die junge Frau ist in Gedanken versunken. Dann kommt die Frage bei ihr an: „Oh nein, ich habe einen ganz lieben Mann. Er macht alles für mich. Er liebt mich! Wissen Sie, wir haben einen Sohn..." Die Erzählerin stockt von neuem, sie überlegt kurz, „...eigentlich sind es zwei." Dann bricht sie ab und schluchzt.

„Sie haben zwei Söhne", harkt die älter Dame nach. „Zwei? Was zwei?" Die junge Frau grübelt über etwas nach und seufzt vor sich hin: „Ach ja, es sind zwei."

Als stiller Beobachter habe ich das Gefühl, die Mutter von zwei Kindern, ist völlig abwesend. Im Moment ist sie nicht hier am Tisch. Sie ist zu Hause, bei ihrem Mann und ihren Söhnen. Dann fällt am Nachbartisch ein

Messer auf den Boden. Erschrocken wacht die Frau auf. Etwas irritiert sagt sie: „Ja, wir haben zwei Söhne", dann folgt eine Korrektur, „ich habe zwei Söhne. Der ältere ist aus erster Ehe. Ich liebe meine beiden Söhne. Doch der ältere macht manchmal Probleme und dann gibt es Streit. Streit zwischen mir und meinem Mann. Er versteht nicht... Das ist eigentlich das einzige was er nicht versteht: Ich liebe den Jungen auch wenn er Probleme macht." Dann wiederholt sie sich: „Ich musste einfach mal raus."

Beide Frauen machen eine kurze Pause. Dann schauen sie mich an. Jetzt erst wird ihnen bewusst das da noch ein stiller Zuhörer ist. Die anderen beiden Stühle sind noch frei. Die Tischälteste lächelt mich freundlich an und schaut dann auf ihre neugewonnene Freundin: „Ich denke, der junge sympathische Herr wird mit Deinem Problem nicht hausieren gehen, oder?" Wieder lächelte sie mich an.

Ich bestätigte sie: „Natürlich nicht, das geht keinem in der Klinik etwas an, außer vielleicht Ihrem behandelnden Arzt. Ihm sollten Sie davon erzählen, weil es Sie belastet. Einfach weil es raus muss. Sie werden sich danach besser fühlen."

„Das tut es bereits. Ich habe über ein Problem gesprochen das ich bisher nicht sah, vielleicht nicht wahrhaben wollte. Doch es gibt ein Problem! Darüber kann ich noch nicht in allen Einzelheiten sprechen." Die

Frau mir gegenüber machte eine kurze Pause und ergänzte dann ihre Aussage: „Ich bin ja erst angekommen."

Die ältere Dame legte ihren linken Arm um ihre Schulter und flüsterte uns zu: „Lassen wir das dumme Sie weg. Ich bin die Ruth und wie heißt ihr?"

Es ist noch stockdunkel. Ich bin wieder hell wach und ich habe keine Ahnung wie spät es ist. Meine Uhr kann ich nicht ablesen. Dann mache ich doch noch das Licht an, ganz kurz nur, um meinen Zimmerkollegen nicht zu wecken. Ich erschrecke, als ich einen Blick auf den Wecker richte. Es ist erst 3.00 Uhr. Viele lange Stunden liegen noch vor mir.

Dieses Buch wird weiter geboren. Am liebsten möchte ich gleich aufstehen und schreiben, doch ich muss warten bis zum Wecken, da ich meinen Bettnachbarn nicht stören möchte. Nutzlose Zeit, die sehr langsam abläuft. Für mich scheint sie still zu stehen. Sie plagt unaufhörlich meinen wachen Geist. Erneut laufendes wälzen im Bett und Warten, immer wieder langes Warten bis die Nacht endlich vorbei ist. Wirklich nutzlose Zeit. Könnte ich im Schlaf nur etwas Erholung finden. Doch das geht nicht mehr wie so vieles seit langer Zeit nicht mehr geht.

Noch müder als gestern und noch kaputter kaue ich an einem Käsebrötchen. Dann kommt es wieder zu einem Schweißausbruch und ich schwitze und schwitze. Tag und Nacht läuft mir der Schweiß den Körper hinunter.

Es ist inzwischen 8.30 Uhr. In der Sporthalle beginnt

die erste Therapiestunde: Wirbelsäulengymnastik. Da ich mir etwas ganz Anderes darunter vorgestellt hatte, bin ich total falsch angezogen: Hemd und Hose. Aber Straßenkleidung ist absolut unangebracht. Doch diese Erkenntnis kommt zu spät. Für heute lässt sich nichts mehr ändern. In der Halle wuselt es von Menschen. Jeder schnappt sich eine Matte und legt sie auf den Boden. Hier bin ich der Neuling und bisher hat mir niemand gesagt was zu tun ist. Schnell orientiere ich mich an den anderen, hole mir eine Matte und der Stress beginnt:

Mit einer Gruppe von ca. 25 Frauen und Männern in einer Sporthalle herum zu hüpfen ist für mich absolut befremdend. Die Arme und Beine in die Luft zu strecken, einem Kollegen mit den flachen Händen den Rücken abzuklopfen, all das hätte ich belächelt, würde ich es im Fernsehen beobachten.

So ist es mir tatsächlich zuwider, mich so locker und ungezwungen zu bewegen. Noch nie war ich eine Sportskanone, immer verkrampft. Diese Gelassenheit und das Unbeschwerte, so eine Leichtigkeit kenne ich nicht. Es ist mir unangenehm, da ich mich nicht richtig zu bewegen weiß. Verkrampft stehe ich in meiner Straßenkleidung da und fühle mich von allen beobachtet.

Nur einmal sollte mein Körper so locker sein wie mein Geist. Das Leben genieße ich nur unbeschwert in meinen Träumen. In meiner Vorstellung. Das Leben, die Freude, die Kraft ist in mir, aber sie kommt nicht heraus. Trotz

Müdigkeit und Schmerzen beiße ich mich durch und mache alle Übungen mit. Ich strecke und beuge Arme und Beine. Die Arme kreisen in der Luft. Die ungewohnten und von mir so oft belächelten Übungen tun gut. In der Schulter knackt es, mein Körper bewegt sich, er lebt. Ich lebe!

Schnell noch einmal duschen, den Schweiß herunter spülen, neu einkleiden. Ich genieße einen ausgiebigen Spaziergang. 14.00 Uhr! Ein neuer Termin, Musik hören. Das wird wohl nicht weiter tragisch werden. Doch was ist das? Die jungen und alten Leute tragen wieder diese Matten von heute Morgen mit sich herum. Bin ich wieder falsch angezogen? Viele aus der Musikgruppe liegen schon am Boden.

Sonst genieße ich klassische Melodien im Sessel, heute liege ich auf einem harten Boden und schließe meine Augen. Nach ein paar Minuten sind vereinzelt Schnarch Geräusche zu hören. In dieser Stille, untermalt von den sanften Klängen eines Klaviers, kann ich gerade noch ein lautes Lachen unterdrücken. Keiner hätte mein Lachen verstanden, doch ich denke schon an diese Zeilen.

Obwohl ich die ersten drei Nächte fast nicht geschlafen habe, überkommt mich auch hier kein Schlaf. Verordnet wurde Musik hören, nicht schlafen und diese Aufforderung hält mich wach. Beinahe bin ich schon wieder am Lachen, denn ich zwinge mich dazu ein

Programm zu absolvieren. Wie alles im Leben, nehme ich auch diesen Moment viel zu ernst. Obwohl die Musik sonst ein Hobby von mir ist, hier und heute ist sie ein Programm.

Plötzlich überkommt mich die Offenbarung, dass mein Leben bisher aus vielen Zwängen bestand. Auf der Hut sein! Nie versagen! Was sagen und denken die anderen? Gerade die Angst vor dem Versagen hat mich zum Versager gemacht. Jemand, der alles falsch macht. Jemand der im Herzen viel Liebe und Mitgefühl für andere hat, es aber nicht zeigen oder sagen kann.

Ich liebe den, der mich gemacht hat. Meinen Schöpfer. Ich liebe meine gute Frau, ich liebe meine Kinder, ich liebe unsere Eltern und unsere vielen guten Freunde. Allein für euch zu leben hat einen tiefen Sinn.

Café

Nach den beiden Therapiestunden drängt es mich in die Stadt zu gehen. Etwas Anderes sehen. Anderen Menschen begegnen. Ich steure auf ein kleines, gemütliches Café zu. Es ist sehr voll. Beinahe wollte ich schon wieder flüchten. Dann entdeckte ich doch noch einen kleinen Ecktisch, mit einem freien Platz. Verlegen ging ich an den anderen Tischen vorbei, den Blick auf den Boden gesenkt.

An manchen Tagen, wie den heutigen, fühle ich mich ständig beobachtet. Jetzt gerade sehen mich alle diese Menschen an wie ich durch das Café laufe. Ich könnte stolpern oder anecken. Erst als ich endlich sitze, bemerke ich, das die anderen Gäste in ihren Gesprächen vertieft sind.

Eigentlich wollte ich raus aus der Klinik um anderen Menschen zu begegnen, „den Normalen." Nun sehe ich die gleichen Gesichter. Am Nachbartisch sitzt eine Gruppe aus der Klinik. Dann ist da ein Pärchen die sich liebevoll anschauen. Auch der Mann ist in unserer Klinik Gast. Ein Tisch weiter wieder zwei Frauen die ich schon in der Klinik sah. Dieser kleine Ort im Schwarzwald profitiert von den Kranken und deren Familien die zu Besuch sind.

Dennoch, etwas Anderes sehen. Die Bedienung, die mir den Kaffee bringt ist anders. Der Kaffee ist anders, er ist besser.

Stille Beobachtungen

Es ist Freitag. Die Nacht ist vorbei. Der Schlaf ist wie ein treuer Freund, der einen besucht, wenn man nicht mehr kann. Er hat mir Kraft gegeben, wenn er auch nicht die ganze Nacht bei mir war. Hin und wieder hat er sich verflüchtigt. Er kam und ging, bis man ihn um 7.00 Uhr, durch das morgendliche Wecken gänzlich aus meinem Zimmer verbannte. Müde bin ich immer noch. Das der Freund so lange nicht da war, fordert seinen Tribut. Wahnsinnige Schmerzen im Kopf, über den Augen, in der Stirn, Taubheit im Hinterkopf und in der rechten Gesichtshälfte. Der Rücken schmerzt, die Schultern und die Arme sind verspannt.

Das Kopfkissen und mein Schlafanzug sind wieder völlig durchnässt. Der Schweiß rinnt über meinen Körper als sei ich schon unter der Dusche. Ich beschließe ins Schwimmbad zu gehen, in der Hoffnung, dass mir die Bewegung und das Wasser Erleichterung verschaffen.

Eine schwere Aktion das An- und Ausziehen, das Aufraffen ohne Lust. Schwerstarbeit, der ich nicht mehr gewachsen bin. Ganz alltägliche Dinge, wie das Schwimmen. Die Freizeit wird für mich und meine Leidensgenossen zur Schwerstarbeit.

Merkwürdig, in dieser Situation fällt mir eine Veranschaulichung ein: Ich übe eine relativ leichte Arbeit aus, wie zum Beispiel eine sitzende Tätigkeit im Büro. Und nun soll ich, aufgefordert von meinem Chef, einen Tag lang im Steinbruch arbeiten. Mit einer schweren Spitzhacke Steine ausbrechen, nach der alten überlieferten Methode der Ägypter oder Römer, ohne Maschinen, ohne Vergünstigungen. Zehn, zwölf Stunden Schwerstarbeit, bei 40 Grad in glühender Sonne.

Wie lange werde ich durchhalten? Wenn meine Gesundheit stabil wäre, würden ich diesen Tag überleben. Am Abend aber werde ich fix und fertig sein und nun stelle ich mir vor, ich müsste es morgen wieder tun und übermorgen wieder. Wie alt werde ich dabei? So fühlen sich wohl Menschen, die nicht mehr können, die bei jeder kleinsten Bewegung Schweißausbrüche bekommen und Schmerzen zu erdulden haben.

Ich denke, im Wasser sieht es keiner, wenn ich schwitze und so mache ich mich auf den Weg in das Schwimmbad. Das Wasser ist warm, ca. 32 Grad. Für mich zu warm. Es heizt meinen Körper auf.

Ein Mann ist schon im Pool, ein anderer kommt kurz nach mir. Gemeinsam schwimmen wir ein paar Runden. Ungewohnte Anstrengungen, harte Arbeit, meine Muskeln schmerzen. Jetzt schon aufgeben?

Einige kleine und große Bälle werden ins Becken geworfen und wir beginnen sie uns zuzuwerfen. Freude und Lust kommt auf und lässt die Schmerzen für einige Augenblicke vergessen.

So vergeht eine Stunde. Ich verlasse das Wasser, mein Kopf glüht wie ein Feuerball. Ich glaube, ich habe Fieber. Es ist unerträglich heiß im Körper. Der Versuch meinen Körper trocken zu reiben, scheitert. Immer wieder bricht Schweiß aus. Der Schweiß ist schneller als der Kampf mit dem Handtuch gegen meinen nassen Körper. Nur wenige Schritte bis zu Unterkunft. Erneut muss ich mich umziehen, der Schweiß frisst sich durch meine Kleider und fließt und fließt.

Ermutigt von dem Spiel im Schwimmbad, mache ich mich auf den Weg in die Werkstatt. Etwas mit Ton arbeiten oder Holz schnitzen wollte ich schon immer mal ausprobieren. In der Werkstatt erwartet mich eine große Enttäuschung. Während ich mir einige Arbeiten betrachte, erfolgt ein neuer Schweißausbruch. Wie heiße Lava verlässt er meinen Körper und dringt tief in mein Hemd ein. Tropfen fallen auf den Werkstattboden, den ich nun fluchtartig verlasse.

Im Aufenthaltsraum setze ich mich erst einmal in einen bequemen Sessel, etwas von einer Gruppe entfernt, denn es ist unangenehm, jemandem gegenüber zu sitzen, wenn das Wasser läuft. Meine Gedanken verweilen nun in der Phantasie:

Was mache ich, wenn meine Waschmaschine ausläuft? Wahrscheinlich werde ich dann hektisch, ich renne durch die Wohnung und suche nach einer Lösung des Problems. Nun sitze ich steif im Sessel und zwinge mich zur Ruhe. Jetzt nur keine Panik. Ganz ruhig sitzen bleiben. Keinen Finger bewegen. Warten bis die Sintflut vorbei ist.

Dann höre ich jemanden sprechen, es ist Kurt (die Namen der Patienten sind geändert). Ich erinnere mich daran, dass er schon am Tag meiner Anreise viele Männer und Frauen umarmt hat. Menschen die vorbeikommen spricht er einfach an: „Hallo Heidi! Hallo Jürgen! Hallo liebe Christa, setz dich doch zu mir."

Was ist das für ein Mensch, dieser 25-jährige? Als ich so alt war fürchtete ich jede Konfrontation. Heute bin ich mit meinen 43 Jahren nicht mehr so schüchtern und verklemmt wie früher. Lange habe ich hart daran gearbeitet. Nur zur Übung bin ich in Geschäfte gegangen, habe eine Weinprobe gemacht, oder mit einem guten Freund eine Probefahrt im Autosalon ausgehandelt. Das alles und vieles mehr habe ich gelernt, bis ich sogar erfolgreich im Außendienst einer Versicherung arbeiten konnte.

Meine Gedanken sind unzählbar. Sie müssen heraus. Ich kann und werde reden! Während ich darüber nachdenke, höre ich Kurt erneut: „Leute ich habe mich verliebt!" - „In wem denn?", fragt Christa neugierig. „In die Liebe. In die Liebe und in ein hübsches Mädchen, hier aus dem Haus. Aber sie weiß es noch nicht, denn ich habe ein Problem: Ich weiß nicht, wie ich es ihr sagen soll."

Jedem der vorbeikommt, erzählt Kurt, dass er sich verliebt hat und dann fängt er an zu singen: „Ich bin verliebt in die Liebe." Jetzt weiß jeder, dass Kurt verliebt ist. Nur das junge Mädchen weiß es nicht. „Warum sagst du es ihr nicht?"

Nun kommt eine Antwort, die mich förmlich umhaut: „Ich bin schüchtern." Christa sagte nur: „So, du bist schüchtern?" Dann kommt noch von irgendwo her eine andere Bemerkung: „Wann und wo?"

Der Mann, der alle hier umarmt und anspricht, ist schüchtern. Du liebe Zeit, was bin ich dann? Meine Blicke schweifen. Ich höre jemanden husten. Das ist wieder Ursel. Sie sieht alt aus, ist es wahrscheinlich aber nicht. Abgemagert bis auf die Knochen. Sie hat hervorstechende Augen und eine dicke nach unten hängende Unterlippe, die mich an ein australisches Schnabeltier erinnert. Das Gesicht ist verzerrt und braun gebrannt. Oder ist es eher ein gelb? Sie ist so undurchsichtig, wie der dicke schwere Rauch, der sie den ganzen Tag benebelt.

Es gibt nur einen Platz für Raucher. Dort hängen sie an ihren Stangen und saugen das Gift in sich ein. Ursel hustet erbärmlich. So, als wolle die Lunge aus ihrem ausgemergelten Körper an die frische Luft entfliehen. Doch sie raucht so stark, dass der Husten keine Chance hat. Was herauskommt ist zu wenig, was hineingeht zu viel.

Mit den Kosten einer Zigarette wäre es möglich, in der dritten Welt das Leben eines Menschen zu erhalten. Es gibt lebensrettende Medikamente, die nicht mehr kosten als ein Glimmstängel. Für die Menschen dort eine Utopie.

Mit dem ganzen Rauch dieser Welt könnten die Regierungen dieser Erde so viel Gutes bewirken. Wenn es ihn doch nur nicht gäbe. Es klingt paradox, aber mit diesem „Nichts", welches die Umwelt schont, könnte so viel Leben gerettet werden; nicht nur das in der dritten Welt, sondern auch das Leben der Raucher in unserem Land. Der Rauch kostet Milliarden, das „Nichts" ist frei. Würde jeder nur ein Drittel geben von dem, was er durch das „Nichts" spart, die Welt wäre gerettet. Doch der Mensch will nicht. Lieber macht er sich selbst kaputt, als dass er einem anderen das Leben schenkt.

Mein Schwitzen ist endlich vorbei, und ich begebe mich in die nächste Sauna. Zum Mittagessen. Heute speise ich ganz bewusst langsam. Dies ist gesünder für den Magen und es verhindert, dass sich meine Schweißdrüsen erneut öffnen, um mich zu plagen. Mein Vorhaben gelingt. Kleine Erfolge, aber immerhin

Erfolge.

Es ist 14.30 Uhr, Begrüßungstermin der Neuankömmlinge mit dem Chefarzt: „Welche Erwartungen haben Sie mitgebracht?", fragt er uns. Eine Frau mittleren Alters, die schon das dritte Mal hier ist, beantwortet die Frage wie folgt: „Ich möchte meine Probleme in den Griff bekommen. Das letzte Mal war nicht so erfolgreich, weil ich selbst nicht mitgearbeitet habe. Aber ich weiß, dass meine Depression geheilt werden kann."

„Schön wäre es", schießt es durch meinen Kopf. Doch ich selbst bin ohne jegliche Erwartungen angereist denn ich glaube, Menschen haben dafür noch kein Allheilmittel gefunden. Der Chefarzt bestätigt meine Gedanken: „Es kommt darauf an, was Sie unter Heilung verstehen. Wenn Sie zu große Erwartungen haben, dann muss ich Sie leider enttäuschen. Sie sind hier, weil Sie chronisch krank sind. Sie haben ein Leiden, das Sie schon jahrelang mit sich herumschleppen. Viele haben verlernt, was sie bereits konnten. Das Sprechen, das Aufeinander zugehen. Wir Menschen sind die einzigen Lebewesen auf diesem Planeten die sprechen können".

Na ja, der Chefarzt kennt unseren Toby noch nicht, einen Graupapagei ganz besonderer Sorte. Dann macht der Chefarzt deutlich, was er mit seinen Ausführungen meint: „Ein Huhn gackert, ein Hund bellt, eine Katze miaut und ein Löwe brüllt. Wir Menschen übertragen unsere Gefühle und Gebärden in eine Sprache. Viele müssen dies neu erlernen. Ein Teil der Therapie, ist schon, wenn sie miteinander sprechen".

Der Chefarzt führt weiter aus: „Haben Sie zu Hause Depressionen, gibt ihnen ein guter Freund vielleicht folgenden Rat: „Gehe doch mal wieder raus, unter Leute". Dann sitzen Sie in einer Wirtschaft. Während sich Ihre Freunde amüsieren, werden Sie selbst immer depressiver. Das Rezept hat nicht gewirkt. Jeder, der Ihre Krankheit selber nicht spürt, weiß nicht wie es Ihnen geht. Der Tipp, „Gehe mal aus Dir raus", wirkt nicht".

Meine Gedanken zu Theorie und Praxis werden von einem Facharzt bestätigt: „Hier sind Sie mit Menschen zusammen, die genauso leiden wie Sie selbst. Ihre Mitpatienten wissen von was Sie reden, sie verstehen Sie. Lernen Sie mit Ihrem Leben umzugehen. Machen Sie das Beste daraus. Genießen Sie eine Blume, den Sonnenschein, den Wald, die Vögel. Haben Sie Freude am Leben. Das wollen wir Ihnen hier vermitteln!"

Aha, ein Freizeitpark der vermittelt, der Angebote offeriert. Zugreifen muss schon jeder selbst. Das ist es was ich schon jahrelang denke: „Du kannst dich selbst immer wieder aufrichten, durch den Glauben an Gott, durch Willenskraft und auch durch persönliche Erfahrungen."

Hier erhält jeder Denkanstoß, Ermunterungen und

Hilfe. Was für viele eine negative Auswirkung hat, weil es keine Heilung gibt, wirkt sich bei mir positiv aus. Kleine Anfänge sind gemacht. Wer seine Erwartungen zu hoch ansetzt, wird enttäuscht, wenn sie nicht erfüllt werden. Kleine Ziele setzen und sie nach und nach erreichen. Das bringt Auftrieb. Eine Treppe ersteigt jeder vernünftige Mensch Stufe für Stufe, will er nicht vorzeitig schlappmachen.

Der abschließende Satz des Chefarztes wird mich noch lange zum Nachdenken veranlassen: „Nehmen Sie sich das Leben." Eine Zuhörerin protestierte: „Das könnte man jetzt aber auch negativ verstehen." Sie verstand offensichtlich nicht, was der Psychologe wirklich meinte. Vom Leben zu nehmen, was wir brauchen. Auch derjenige, der sich das Leben buchstäblich nimmt, ist der Meinung, das Leben habe ihm nicht genug gegeben. Darum nehme ich mir vor, „mir das Leben zu nehmen".

Mit dieser Absicht setze ich mich an den Schachtisch. Jeden Tag kommt ein junger Mann vorbei und versetzt ein oder zwei Figuren. Dann geht er wieder seines Weges. Heute spricht er mich zum zweiten Mal an, nachdem er weiß, dass auch ich Schach spiele. „Ziehst du lieber mit weiß oder schwarz?" - „Das ist mir egal." - „Ich spiele immer nur E 4." Aha, denke ich mir, noch ein Kandidat, dem man den Bauern E 4 einmal anleimen muss.

Ich fordere ihn zu einer Partie heraus. Obwohl er viel

von der Theorie spricht, die er anscheinend gut studiert hat und ich annehme, dass er ein Gegner ist, den man nicht unterschätzen darf, zögert er unsere 1. Partie immer wieder hinaus und sagt: „Ich bin noch nicht so weit." Er geht und schaut nochmal wehmütig zurück.

Oftmals vergesse ich noch, dass wir es hier nicht nur mit hoch intelligenten Menschen zu tun haben, sondern auch mit Leidenden. Alltägliche Krankheiten können Ärzte heilen, aber nicht ein chronisches Leiden.

Zwei junge hübsche Mädchen, die eine aus Holland, die andere portugiesischer Abstammung, eröffnen ein neues, mir unbekanntes Kartenspiel. Dabei kam mir die Überlegung, was all die jungen Leute in einem Freizeitpark der besonderen Art machen?

Viele wirken auf mich ganz normal. Ich weiß, dieses „Normal", wie es Außenstehende oft bezeichnen, ist nur ein relativer Begriff. Dennoch haben einige psychosomatische Störungen, die nicht gleich erkennbar sind. Sie sind nett, aufgeschlossen und anpassungsfähig. Obwohl ich mit meinen 43 Jahren der Oldie unter ihnen bin, mache ich etwas, was ich sonst gar nicht von mir kenne, ich beteilige mich am Spiel und an der Unterhaltung. „Ich nehme mir das Leben".

Das Spiel bringt Entspannung und Freude, nicht nur weil ich das Anfängerglück habe zu gewinnen. Nach und nach schließen sich mehrere Freizeitgäste unserem Spiel an. So wird daraus eine gesellige Runde. Die Zeit vergeht, der Abend ist fast zu Ende. Plötzlich höre ich meinen Namen rufen. Meine Frau ist am Telefon, die ich eigentlich schon längst hätte anrufen sollen. Irgendwie muss ich das heute Abend vergessen haben.

Ganz locker sage ich zu meiner Frau: „Ich habe Karten gespielt". Dabei scherze ich: „Mit zwei jungen, hübschen Mädchen. Aber zwei sind nicht so gefährlich wie eine." Hoppla denke ich mir, was ist in dich gefahren? Sonst bin ich nicht so offen, weil ich niemandem seine Gefühle verletzen möchte. Doch ich muss auch über meine eigenen Gefühle sprechen können und das kann ich mit meiner lieben Frau. Sie versteht das. Nur ich habe es bisher nicht verstanden, doch ich bin lernfähig. Es wird Zeit Korrekturen in meinem Leben vorzunehmen.

In eine Welt die mir Schwarz-Weiß erscheint, gehört mehr Licht. Wenn dieses Licht dominiert verblasst das Schwarz. Allmählich wird es zu einem schleierhaften Grau. Die Welt in der ich lebe scheint dann nicht mehr so dunkel. Wenn es mir dann noch gelingt, etwas Farbe in dieses Lichtspiel zu bringen, kehrt die Freude zurück.

Im Allgemeinen erlerne ich alles sehr schnell. Ich glaube, meine Frau wird lachen, wenn sie diese Zeilen liest. Manchmal wurde es ihr unheimlich, wenn ich in allem so schnell bin: im Denken, im Erlernen von Neuem. Nur für das offene Wort, das Hinauslassen aus dem Herzen, habe ich viele Jahre gebraucht. Viel zu

Lange! Schade! Was nützen uns die schönsten Gefühle, wenn man sie mit niemandem teilen kann?

An dieser Stelle danke ich meiner lieben Frau und meinen beiden Kindern für ihre große Geduld, die sie immer wieder für mich aufgebracht haben. So schulde ich Ihnen viel. Das kostbarste was ich habe. Mein Leben.

Tag 5:

Erste Tonarbeiten

Samstags ist hier im Haus sehr viel Ruhe, da sich niemand mit Therapien herumschlagen muss. So unternehme ich zaghaft einen zweiten Versuch in der Werkstatt. Eigentlich wollte ich mich nur etwas umsehen, denn der Leiter der Werkstatt ist am Wochenende nicht da. Seit meiner Flucht aus diesem Raum war noch keine Gelegenheit mich mit den Gegebenheiten der unterschiedlichen Hobbys vertraut zu machen.

Noch nie im Leben habe ich mit Ton gearbeitet, immer nur davon geträumt und so eine tiefe Sehnsucht danach entwickelt. Die präzisen Arbeiten eines Mitpatienten, der an diesem Vormittag allein in der Werkstatt arbeitet, begeistern mich. Sie begeistern mich so sehr, dass ich einfach einen Klumpen Ton aus dem Plastikeimer nehme und anfange zu experimentieren. Es ist das erste Mal das ich feuchten Ton in meinen Händen halte. Doch was soll ich nun damit anfangen?

Ein Mitpatient zeigt mir ein paar Möglichkeiten mit Holzwerkzeugen zu arbeiten. Doch ich stelle fest, dass ich mit meinen Händen besser zu Recht komme. Der Klumpen Ton wächst zwischen meinen Fingern zu einer schönen kleinen Schale heran. Es begeistert mich etwas

Neues entstehen zu sehen, dass durch meine Hände geformt wird.

Einige, die ab und zu in der Werkstatt auftauchen und neugierig nach den beiden Freizeitarbeitern schauen, fragen mich: „Wo haben Sie das gelernt? Wie lange machen Sie das schon?" Als ich ihnen berichte, dass ich gerade mein erstes Stück Ton bearbeite, will es mir niemand glauben. Angetrieben von dieser Ermutigung, habe ich mir für den Sonntag vorgenommen, neben der Töpferarbeit auch noch künstlerisch tätig zu werden. So beschließe ich, dass mein nächstes Werk ein Elefant werden soll.

Spaghetti

Was macht man am Wochenende in einem „Freizeitpark?" Sich amüsieren! Gerade das wollen die anderen Gäste auch und darum sind sie ausgeflogen. Einige haben ihre Autos dabei und sich neugewonnene Freunde eingeladen. Gemeinsam fahren sie in eine Disco im Nachbarort. Daher ist es im „Freizeitpark" heute sehr ruhig, um nicht zu sagen, es ist stink langweilig. Daher beschließe ich einen Bummel in die Stadt zu machen. Vielleicht mal ein Bier mit einheimischen trinken.

Zweimal schon bin ich an diesem Abend durch den

kleinen Ort gelaufen. Die Cafés schließen gerade ihre Pforten. Auf meinem Gang bin ich an zwei Kneipen vorbeigekommen, konnte mich aber noch nicht zum Hineingehen entscheiden. Letztendlich wählte ich die aus, die sich genau in der Mitte des Ortes befindet. Ist wohl auch wieder so eine Symbolik meines Lebens: Wähle einfach immer den Mittelweg.

Die Kneipe ist noch leer. Lediglich am Tresen sitzen zwei Männer, dahinter der Wirt der Kneipe. Mit einem Stuhl Abstand nehme ich ebenfalls am Tresen Platz und bestelle ein Bier. Nachdem die Männer mich gemustert haben und nun mein Bier vor mir stand, setzten sie ihr Gespräch fort: „Nichts mehr los um die Jahreszeit", sagte der Wirt. Der ältere, der beiden Gäste sagte nur kurz: „Der Sommer ist vorbei!"

„Ach ne", lachte nun der junge Bursche. „Wäre ich von allein fast nicht draufgekommen." „Willst du mich verarschen", kam es böse zurück. Der Junge ging in Abwehrhaltung und wollte gerade dagegenhalten als der Wirt dazwischenfunkte: „Ich dachte, du willst was essen. Was soll ich dir machen?" Der junge Mann überlegte kurz: „Auf Spaghetti hätte ich mal wieder Lust. Könnte ich heute einen Riesentopf verputzen. Hast du welche da?" „Na klar doch. Ich habe so viel davon, das schaffst du heute nicht mehr!"

Der junge Kerl lachte: „Ach weißt du, wenn ich mal anfange dann gibt es kein Halten mehr. Könnte heute glatt 20 Portionen verdrücken." Nun waren die Lacher auf der anderen Seite. Der ältere, der sich gerade noch mit ihm boxen wollte sah seine Chance für eine Retourkutsche: „Nimmst dein Maul mal wieder ziemlich voll!" Der hungrige will gerade wieder kontern als sich der Wirt erneut einschaltet: „Du ich koch dir 20 Portionen. Wenn du sie alle schaffst brauchst du heute nichts zu bezahlen." Der junge Mann war begeistert: „Die Wette nehme ich an. Ich mach dich heute arm. Dann geh mal in die Küche und koch mir mal meine 20 Portionen."

Der gewitzte Wirt machte einen Gegenvorschlag: „Spaghetti sind schnell gekocht. Du willst sie doch frisch und warm. Ich mach dir eine Portion nach der anderen. Du hast den ganzen Abend Zeit. So kannst du jede Portion erst rutschen lassen. Wenn du die nächste willst dann bestellst du sie. Nach 20 höre ich auf und du hast gewonnen."

15 Minuten später stand die erste Portion auf dem Tisch. Ich bekam mein zweites Bier und schaute auf die Uhr. Schade! Wer hier gewinnt werde ich wohl nicht mehr erleben. Nur noch eine halbe Stunde für mich. Die Tore der Klinik schließen bald.

Heißhungrig verputzte der Junge Bursche seine erste Portion. Als der Teller halb fertig war wurde er schon etwas langsam. Der Tresen Nachbar spottete: „Geht dir schon die Luft aus?" Der Esser bestellte seine zweite

Portion: „Mach mir die zweite Runde. Ist eine leichte Kost für den Abend. Das verputze ich mit links."

„Naja, soll mir recht sein." Der Wirt war schon auf dem Weg in die Küche, drehte sich dann aber noch einmal um: „Unterschätzen darfst du die kleinen Portionen aber nicht. Die stopfen ganz schön!" Der junge grölte: „Hol nur die nächste Portion. Die gehen runter wie das Bier hier." Dann setzte er seinen Halben Maß an und leerte den Krug in einem Zug.

Der zweite Teller wurde ihm gereicht. Nach drei Gabeln Spaghetti stöhnte der Prahler kleinlaut: „Ich gebe auf. Die stopfen wirklich.

Auch mir war klar, dass er keine 20 Portionen schafft. Das ich aber das Ende dieser Wette noch miterleben sollte überraschte mich doch. Das ganze Spektakel war ziemlich schnell vorbei. Nun setzte der ältere Kneipenkumpel sein Lästern fort. Der junge Heißsporn begab sich schon wieder in Abwehrstellung.

Als ich diese Kneipe am Abend betrat wurde ich gemustert: „Wieder einer von dieser irren Klinik." So werden diese „Freizeitparks" im Volksmund bezeichnet. Wir werden beobachtet wie spielende Schimpansen im Käfig die hin und wieder mal raus dürfen.

Als ich die Kneipe verließ war ein sanftes Lächeln auf meinen Lippen zu sehen: „Wer oder was ist eigentlich normal?"

Es wächst und wächst und wächst

Der Klumpen Ton bereitet mir große Schwierigkeiten. Ich weiß nicht so recht, wie ich beginnen soll. Der Kollege in der Werkstatt nimmt mich auf den Arm und fragt: „Was soll das denn werden, bevor Du es wegwirfst?" - „Ein Elefant!" Na ja, sehen konnte man es noch nicht. „Ach so, ein Elefant", kam es zurück. Das war nicht gerade sehr Verheißungsvoll. So komme ich ins Grübeln und denke mir: „Ich habe mich doch übernommen."

Einige Zeit später verliere ich die Angst vor dem Ton. Ich halte einen unförmigen Klumpen in meinen Händen, auf dem ich großzügig Ton auftrage. Die Scherze meines Kollegen häufen sich: „Sieht aus wie ein Delphin oder ist es doch eine Kuh?" Ich bin verzweifelt, aber zum Aufgeben habe ich keine Lust. So wäre es eine verlorene Sache, die mich entmutigen könnte. Diesmal will ich nicht verlieren. Tonschicht für Tonschicht trage ich mit meinen Händen auf den Körper auf, wahrscheinlich ganz gegen die allgemeine Norm.

Doch jetzt wächst es. Langsam wird es ein dickbauchiger Elefant mit Buckel. Die Beine wachsen aus dem Bauch. Der Kopf mit seinen großen Ohren und Stoßzähnen erscheint. Dann geschieht es doch noch:

Etwas, was ich nicht mehr für möglich hielt. Ein lustiger, aufgeregter Elefant mit erhobenen Rüssel und aufgerissenen Maul, scheint durch unsere Werkstatt zu laufen. Man kann ihn förmlich trompeten hören. Die anfänglichen Scherze sind verstummt. Jetzt gibt mir mein Kritiker Ratschläge, die mir zeigen, dass daraus etwas werden kann. Ich habe das Gefühl, der Elefant ist großartig geworden.

Eine Frau spricht mich an und meint: „Das könnte ich nie." Ich lächelte sie an und erwiderte: „Das habe ich heute Morgen auch noch geglaubt." Jede meiner Arbeiten habe ich bisher kritisiert, sie für untauglich gehalten, obwohl von Außenstehenden Anerkennung kam. Heute lobe ich mich einmal selbst. Eine Erfahrung, die für mich einmalig ist oder war. Sie muss es nicht bleiben.

Während ich den Ton bearbeite, denke ich an unseren großen Schöpfer, der alles, was auf der Erde ist, gebildet hat. Es muss ihm eine große Freude bereitet haben, so wie es mir Freude macht, den Ton zu formen. Dicke stampfende Beine, einen trompetenartigen Rüssel und große Lauschohren. Es wächst durch meine Hände. Genauso wie mein Geist sich dieses Tier vorgestellt hatte, so wird es nun auch umgesetzt. Ein kleiner Sieg!

Jeden Tag die gleiche monotone Arbeit. Am Schreibtisch sitzen, Rechnungen prüfen. Nun, die einzelnen Rechnungsposten die ich überprüfen muss sind unterschiedlich. Mal geht es um Stahl, ein anderes Mal um Holz. Aber es sind immer wieder Rechnungen. Wenn ich Schecks ausstelle geht es um kleine aber auch um große Beträge. Was für eine Abwechslung? Es geht immer um Rechnungen und Schecks.

Langeweile ödet mich an. Arbeit und Freizeit kann mir eine große Befriedigung verschaffen, wenn sie sinnvoll ist. In der Töpferwerkstatt bin ich zu einer schönen Erkenntnis gekommen: Kreativität wird nicht langweilig.

Selbst wenn ich jeden Tag zum töpfern in die Werkstatt gehen könnte, wäre es nicht jeden Tag das Gleiche. Zugegeben, ich hole täglich frischen Ton aus der Tonne und knete ihn. Mit meinen Händen forme ich etwas daraus. Die Tätigkeit des Formens bleibt gleich. Die Methode verändert sich nicht. Demnach müsste das Töpfern irgendwann zur Routine werden und das ist langweilig.

Das wäre sicher der Fall, wenn ich jeden Tag den gleichen Elefanten modelliere, ihn vielleicht als Massenprodukt herstellen würde. Doch mein kreativer

Geist sieht schon andere Modelle: Einen Bären, einen Pinguin, eine Kobra usw. Auch wenn der Arbeitsprozess gleich bleibt erzeugt doch jede einzelne Figur Spannung.

Bisher habe ich meine Arbeiten immer angetrieben. Schnell wollte ich fertig werden um mir das Endprodukt zu betrachten. Ich war gespannt auf das Endergebnis. Dann habe ich das Produkt betrachtet, es als gut oder weniger gut eingestuft und es weggestellt. Hin und wieder fällt mein Blick darauf. Inzwischen ist es langweilig geworden. Warum? Nun, es ist fertig! Man kann daran nichts mehr ändern, es ist fertig.

Plötzlich betrachte ich meine Arbeiten aus einer ganz anderen Perspektive. Ich genieße die Zeit der Herstellung. So lange ich daran arbeite und neue Ideen entwickle, etwas zu verändern oder zu verbessern, wird es nicht langweilig. Ich wachse mit meinen Entwürfen.

So halte ich es schon seit einiger Zeit mit dem Schreiben. Ein Blatt Papier mit Worten zu füllen mag nicht die Befriedigung sein die ich mir vorstelle. Demnach müsste tägliches Schreiben langweilig sein. Routine. Das ist es allerdings nicht.

Immer wieder bin ich begeistert von neuen Gedanken. Sie vermitteln mir Impulse und Erkenntnisse. Sie zu verarbeiten dauert länger als sie niederzuschreiben.

Nach sechs Wochen „Freizeitpark" wird dieses Tagebuch sein Ende finden. Hin und wieder werde ich darin lesen um Gedanken aufzufrischen. Doch die spannendste Zeit ist das Schreiben selbst. Neue Gedanken, neue Erkenntnisse beleben mich. Mein Geist sprüht vor Begeisterung. Jetzt wird mir bewusst das es wenigstens zwei Methoden gibt sein Ziel zu erreichen: Abgehetzt, wie ein Marathonläufer, mit letzter Kraft durch das Ziel laufen. Gibt es anschließend eine Medaille mag sich der monatelange Aufwand gelohnt haben. Geht der Sportler leer aus macht sich Frust breit. Die zweite Methode sein Ziel zu erreichen liegt darin, bereits den Weg dorthin zu genießen.

Mit diesen Überlegungen kommt mir ein Satz in den Sinn den ich mal gelesen habe: „Der Weg ist das Ziel."

Eine offene Frage

Was würde ich wohl davon halten, wenn meine Freunde Ängsten und Zwängen verfallen wären? Was geschieht eigentlich, wenn man ununterbrochen, bis auf wenige Ausnahmen, in tiefer Konzentration alle Konturen eines Zimmers, wie Bett, Schrank, eine Pflanze, Gesichter und viele andere Gegenstände nachzeichnet und dass mit beiden Händen gleichzeitig. Wohlgemerkt nur in der Vorstellung, nicht in der Realität.

Was geschieht mit jemandem der gleichzeitig, während er in Gedanken zeichnet, noch andere Dinge bewerkstelligen kann, wie zum Beispiel Fernsehen, lesen oder diskutieren? Und all das in einer rasenden Geschwindigkeit. Wahrscheinlich müsste man das Gleiche tun, wie meine behandelnde Ärztin. Sie musste erst einmal darüber nachdenken. Das hat sie getan. Erneut nehmen wir unser Gespräch auf und sprechen über die erste Woche im „Freizeitpark". Wir versuchen einen Weg aus dem Labyrinth zu finden, in dem ich mich schon seit vielen Jahren befinde. Wo ist der Ausgang? Gibt es einen Weg hinaus?

Was würde ich wohl in einer Tanzgruppe tun oder in einer Gruppentherapie, in denen Menschen aller sozialen

Schichten über ihre Probleme sprechen? Dies sind Dinge, die mir ein Gräuel sind. Aber vielleicht sollte ich gerade das tun, wovor ich mich am meisten fürchte. Ist es vielleicht der Weg in die Freiheit?

Freies sprechen und diskutieren habe ich mir selbst über viele Jahre antrainiert. Lerne ich nun auch noch mich ohne Scheu zu bewegen? Kann ich durch eine Menschenmenge gehen, ohne weiche Knie, ohne dass ich mich laufend beobachtet fühle? Vieles ist erlernbar oder sogar alles? Einiges muss einfach ausprobiert werden. Neue Ideen, Wünsche nach mehr Freiheit, geben auch neue Impulse. Sie machen Mut aber auch Angst.

Meine Gedanken zur Freiheit

Menschen müssen sich sehr oft Freiheiten erkämpfen. In der Regel geschieht dies nicht von heute auf morgen. Es braucht Zeit. Eine Entwicklung findet statt. Ich denke an die alten Kulturen der Menschheit. Durch Kriege und Eroberungsfeldzüge wurden Menschen zu Sklaven gemacht. Sie haben ein kostbares Gut verloren, das wird ihnen ganz plötzlich bewusst, gewissermaßen über Nacht. Die Frage die sich nun stellt: „Nehme ich diese neue Situation als gegeben hin oder kämpfe ich dagegen an?"

Viele haben ihr Leben für die Freiheit riskiert. Lieber im Kampf oder auf der Flucht sterben, als sich ein Leben lang von anderen versklaven zu lassen. Dieser Gedanke kommt Menschen in den Sinn, die den Geschmack der Freiheit kennen. Sie wollen so schnell wie möglich in ihre Heimat zurückkehren. Das verlorene Gut neu in Besitz nehmen. Was aber geschieht, wenn der Zustand der Gefangenschaft länger anhält als gewünscht?

In dieser Situation beginnen versklavte Menschen sich zu arrangieren. Zunächst einmal das Spiel der Herren mitspielen, wenn es auch widerwillig geschieht. Sie passen es des Friedens willen an ihrer neuen Situation an. Der Sklave sucht Gleichgesinnte, gründet eine Familie und macht scheinbar das Beste aus seiner neuen Lage.

Wie geht es ihren Nachkommen? Sie werden in die Sklaverei hineingeboren. Von der großen Freiheit ihres Volkes hören sie nur noch in Geschichten, die von den Eltern oder Großeltern erzählt werden. Was wirkliche Freiheit ist, können sie nur erahnen. Diese neue Generation wird zu einem Teil einer neuen Kultur. Wohin sollten sie auch gehen? Die Heimat ihrer Vorfahren ist nicht ihre Heimat. Der schöne Gedanke der Freiheit verblasst mit der Zeit, wird verdrängt, macht ihnen sogar Angst.

Warum mache ich diesen Ausflug in die Geschichte? Ich finde hier Parallelen. Es gibt bedauerlicherweise

Menschen, die werden bereits krank geboren. Da sie keine Vergleichsmöglichkeiten haben, wie es ist, völlig gesund zu sein, akzeptieren sie ihre Lage eher als ein Außenstehender. Immer wieder bin ich erstaunt, wenn ich auf kranke Kinder stoße, die ihr Leiden von Geburt an mit sich herumtragen. Ich erinnere mich an einen wichtigen Satz meines Arztes: „Ein Leiden ist etwas völlig anderes als eine Krankheit".

Wird ein Baby mit einer leichten Gelbsucht geboren, geht jeder davon aus, dass dieses Problem in ein paar Tagen nicht mehr da sein wird. Wenn ein Neugeborenes blind auf die Welt kommt, werden eine Mutter oder der Vater mehr leiden als das Kind selbst. Wir wissen, was es bedeutet sehen zu können. Darum hofft jeder natürlich auch, dass diese Blindheit kein dauerndes Problem wird.

Ein Kind geht mit der Situation ganz anders um. Trotz Erblindung wird es laufen lernen. Es wird den Duft einer Lieblingsspeise sofort wahrnehmen. Das Zwitschern der Vögel wird es erfreuen. Es wird fühlen, hören und schmecken. Diese Sinne werden sehr viel intensiver sein als bei gesunden Menschen. Sie müssen den Verlust eines Sinnes durch andere ausgleichen.

Oft habe ich mich gefragt, was wohl schwieriger zu ertragen ist: Ein Leiden, dass ich von Geburt an habe oder eines, das sich plötzlich einstellt, wie z.B. der Verlust des Augenlichts durch einen Unfall?

Hier finden wir den Menschen wieder, dessen Lebensumstände sich sehr schnell verändern. Jemand, der über Nacht zum Sklaven wird. Wie sehr sehne ich mich nach Freiheit? Ein Leiden wird uns mit Sicherheit einschränken. Es nimmt Lebensfreude. Schnell wird uns klargemacht: Damit musst du jetzt leben!

Akzeptiere ich diese Gefangenschaft? Bin ich bereit, meine bisherigen Freiheiten aufzugeben? Was soll ich dagegen machen? Ich habe doch keine andere Wahl! Welche Wahl hat ein Querschnittsgelähmter? Er wird für den Rest seines Lebens im Rollstuhl verbringen müssen. Wo aber steht der Rollstuhl? Im Wohnzimmer, vor dem Fernseher oder in einem Park, einem Museum, einer Sporthalle? Der Rollstuhl mag einen Gelähmten schwer einschränken, keine Frage. Doch wo er stehen soll, entscheidet der Fahrer und nicht der Rollstuhl selbst.

Menschen, die an Depressionen leiden, sind ebenfalls in ihren täglichen Abläufen eingeschränkt. Wer macht uns aber zum Sklaven? Ist es das Leiden selbst? Oder ist es unsere Einstellung zum Leiden? Ich weiß noch, wie es war ohne Kopfschmerzen zu sein. Ein herrliches Gefühl, ein freies Gefühl. Jetzt bin ich versklavt. Der Kopfschmerz ist mein Eroberer und Herr geworden. Er bestimmt nun mein Leben. Wenn ich ihn tatsächlich Herr sein lasse, dann gewöhne ich mich an diese Gefangenschaft. Hin und wieder denke ich an die schöne Freiheit. Ich bemitleide mich und jammere, doch die

Freiheit bleibt Theorie.

Machen wir uns nichts vor, der Weg in die Freiheit ist ein langer Weg. Doch es lohnt sich. Ich habe beschlossen, ihn zu gehen. Mein Kopfschmerz, der Herr und Meister, kann nur dort sein, wo auch ich bin. Mache ich doch ihn zum Sklaven. Draußen in der Natur fühle ich mich wohl, dort genieße ich ein Stück Freiheit. Ich genieße es Nabucco zu hören, am Bodensee unter freien Himmel, wenn die Sonne hinter dem See malerisch eintaucht, während der Gefangenenchor von der Freiheit singt, die sie einst besaßen, die israelitischen Sklaven.

Dorthin will ich auch in Zukunft gehen, trotz Leiden, die immer wieder auftauchen werden. Sie machen sich bemerkbar, keine Frage. Doch ich liebe meine Freiheit und gehe dorthin, wo es mir gefällt. Ich mache Dinge, die mir gefallen. Ich genieße! Wenn es meinem Kopfschmerz nicht gefällt, wohin ich gehe, dann kann er ja zu Hause bleiben, vor dem Fernseher. Für mein nächstes Ziel habe ich bereits einen ganz anderen Partner der mich begleitet: den unbändigen Drang nach Freiheit.

Der erste Frust

Ich glaube es geht Stück für Stück nach oben. Es tut sich etwas, eine Verbesserung tritt ein. Dann kommt der plötzliche Absturz.

Es sind oft Kleinigkeiten, die das Leben versüßen, aber auch oft verbittern (nur eine kleine Nadel und der Ballon platzt). Auf der einen Seite das Lob, auf der anderen Seite die Selbsterkenntnis, die erneute Selbstkritik, der Frust.

Der Werkstattleiter lobt meinen ersten Elefanten über die Hutschnur. Er kann gar nicht glauben, dass dies mein erstes Werkstück ist. „Jetzt kommt noch die Kleinarbeit", sage ich zu ihm. Die Gegenreaktion: „Warum? Der ist doch toll so. Ich würde ihn so lassen, wie er ist."

Auf der Suche nach einem neuen Motiv finde ich in einem Buch einen abgebildeten Elefanten und bin schlagartig schockiert. Mit meinem Gedächtnis scheint etwas nicht zu stimmen. Mein geschaffenes Wesen hat eine viel zu flache Stirn. Die Stoßzähne kommen nicht aus dem Kiefer, sondern aus den Backenknochen. Der Rüssel ist zu hoch und die Beine sind zu kurz.

Jeder lobt meinen kleinen Elefanten, nur einer nicht. Ich erwarte wieder Perfektion. Eine Nachbesserung ist

Unmöglich. Der Elefant steht schon zum Trocknen im Ofen. Mir kommt der Gedanke: „Schuster bleib bei deinen Leisten". Stimmungsschwankungen kommen so plötzlich wie ein Gewitter in den Bergen. Eben war noch Sonnenschein, jetzt regnet es in Strömen. Es donnert und blitzt. Was mache ich dagegen? So schnell wie möglich den Berg verlassen? In das Tal flüchten? Dabei muss ich vermeiden die Kontrolle über mich zu verlieren oder in Panik zu geraten. Ich könnte mir auch eine Schutzhütte suchen und mich hier einfach unterstellen, mich warmhalten und ausharren bis es sich aufklärt.

Ausharren bedeutet harte Arbeit, nicht etwa untätiges Abwarten. Wer in Bergnot ist erfriert, wenn er sich nicht bewegt. Ich muss in Bewegung bleiben. So gehe ich erst einmal zur Gymnastik, obwohl ich absolut keine Lust verspüre. Aber es steht nun mal auf dem Plan. Wahnsinnige Schmerzen im Kopf und Rücken begleiten mich, doch ich werde durchhalten. Aus Frust wird Lust.

Anschließend gleich der nächste Termin: Visite! Die Chefärztin ist anwesend und ich beginne meine Geschichte von neuem zu erzählen. Diesmal aber nur stichwortartig, denn alles andere steht bereits in den psychiatrischen Berichten. Nach der Visite geht es weiter ins Vollbad, mit einem Zusatz aus Eichenrinde gegen meine Schweißausbrüche. Das Wasser ist angenehm temperiert und so entspanne ich mich. Nicht so sehr, dass ich schlafen könnte, wie alle anderen meinten, die bisher ein medizinisches Vollbad erlebt haben. Ich bin wohl ein besonderes Exemplar der Gattung Mensch.

Offenheit muss erlernt werden. Daher begebe ich mich zu anderen Gruppen und beginne meine Mitpatienten anzusprechen. Einer nach dem anderen steht auf und verlässt mich. Zweifel an meiner Person kommen auf und Fragen. Fragen wie: „Wollen die nichts mit mir zu tun haben?" Oder: „Bist du heute überempfindlich? Steckt der Elefantenfrust noch in dir?" Fragen über Fragen, die mich quälen.

Doch ich bin nicht der einzige, der mit diesem Frust lebt. Patienten unterhalten sich über ihre Probleme, ihren Ärger, ihre Erfolge und Misserfolge. Während die einen skelettartig abgemagert sind, bringen die anderen 120-130 kg auf die Waage. Es gibt eben die unterschiedlichsten Menschen.

Eine junge Frau erzählt: „Vor drei Jahren begannen meine Probleme und damit auch meine Fresssucht. Ich fraß alles in mich hinein, nicht nur den Ärger, sondern auch alles, was ich an Lebensmittel heranschaffen konnte. Zum Frühstück aß ich einen Zopf. Nicht nur eine Scheibe, sondern den ganzen Zopf dick mit Butter bestrichen. Bis zum Mittagessen hielt ich mich mit Süßigkeiten über Wasser. Zum Mittag brauchte ich drei gut gehäufte Teller. Zum Abendbrot dann noch einmal einen ganzen Zopf oder mindestens sechs Scheiben Brot. So hatte ich bald meine ersten 100 kg. Vor zwei Jahren begann ich Medikamente einzunehmen und wusste nicht, dass sie dick machen. So kamen noch einmal 30 kg zu meinem Gewicht hinzu".

In den letzten Wochen hat diese junge Frau 4 kg abgenommen. Man könnte jetzt sagen, das ist nicht viel. Sie ist ja immer noch dick. Ja, das ist sie und dennoch verdient sie ein großes Lob. Ihre tägliche Kost ist heute reduziert. Harte Arbeit und Selbstdisziplin sind dafür erforderlich. Wie dankt es ihr der Magen? Mit elender Übelkeit und Schmerzen.

Wenn jemand diese nette und sympathische Frau sieht, dann lächeln er vielleicht über ihr Äußeres. Wichtiger jedoch sind die inneren Werte. Dort spielt sich ein unglaublicher Kampf ums Überleben ab. Verdient dieser Mensch nicht unser aller Respekt, wenn sie so hart an sich arbeitet? Helfen wir diesen Menschen ihren Kampf zu gewinnen. Bringen wir alle ihnen Respekt und Freundlichkeit entgegen. Irgendwann profitieren wir einmal von ihren Erfahrungen. Vielleicht morgen schon.

Menschen mit Frust im Bauch, mit Sorgen, Ängsten und Zwängen, schaffen es nicht allein, den Berg während eines Gewitters schadlos zu bewältigen. Eine Berghütte ist ihre Rettung. Hier haben sie sich untergestellt. Im Safaripark für die Psyche, in der Fachklinik für psychogene   Erkrankungen, hoffen sie alle auf ein Wunder.

Ich denke, dass dies nicht das erste Gewitter war. Es wird auch nicht das letzte sein. Aber jemand, der den Berg kennt, seine Höhen und seine Tiefen, der kennt auch seine schützenden Berghütten.

Hier lerne ich sie zu finden. Ich lerne meinen eigenen Schutz zu bauen. Frust und Lust liegen manchmal so weit auseinander, wie das Tal von einer weit entfernten Bergspitze. Nur durch eine kompetente Seilschaft wird der Berg erzwungen. Ich bin ein Teil dieser Seilschaft. Ich bin mitverantwortlich für den Erfolg der Expedition. Durch meine Hilfe rette ich andere aus der Bergnot und schützen mich selbst vor einer depressiven Erkrankung. Ich muss vorbeugen!

Es ist Abend. Ich sitze in einer Gruppe von etwa 15 Personen, die über Weltliteratur diskutieren wollen. Eines der 66 Bibelbücher wird behandelt. Das Buch Hiob mit dem Thema: „Glaube und Heilung." Warum trifft es gerade mich? Warum muss ich so leiden? Warum leiden Menschen überhaupt? Fragen über Fragen, die uns Menschen oft beschäftigen.

Hiob, ein reicher Orientale, ein angesehener Mann, verlor seinen gesamten Besitz. Nicht nur sein Haus und seinen großen Viehbestand, auch seine sieben Söhne und drei Töchter. Dann wurde er selbst mit einer schweren Krankheit geschlagen. Mit Geschwüren und Beulen. Er saß in der Asche, ein Zeichen für Trauer, und schabte sich seine Geschwüre mit einer Tonscherbe.

Ausgesetzt von den Lebenden, forderte seine Frau ihn auf: „Fluche Gott und stirb." Mit andern Worten: „Hör auf zu kämpfen und stirb in Frieden." Drei Freunde besuchten Hiob, wahrscheinlich in guter Absicht, doch sie waren falsche Tröster. „Du leidest so, weil du ein Sünder bist", warfen sie ihm vor.

Stellen Sie sich vor, Sie leiden an einer schweren Krankheit und Ihr Freund sagt Ihnen: „Du bist selbst schuld." Viele verstehen die Situation eines Kranken nicht, weil sie selbst nicht krank sind. Schnell heißt es: „Lass dich nicht hängen. Unternimm etwas. Steh auf."

Leicht gesagt, schwergetan. Nicht jeder verfügt über genügend eigene Kräfte. Aber jeder kann Kraft erlangen, durch wirklich gute Freunde und durch einen lebendigen Glauben an Gott.

Heute denke ich über das nach, was ich auf meiner langen Safaritour anderen erzählte: „Fangen Sie heute an in der Bibel zu lesen und Sie sind morgen gesund." Das ist natürlich großer Unsinn. Es gibt keine Wunderheilungen mehr. Nun denke ich an meine Zukunft. Gibt es eine Hoffnung auf eine bessere Zukunft? Hoffnung macht stark, aber allein davon kann niemand leben. Wir sind heute krank und müssen heute leben und Leben heißt kämpfen. Jetzt kommt die Bibel wieder ins Spiel. Dieses Buch hilft uns diesen Kampf zu bestehen. Sie ist ein erfolgreicher Ratgeber. Schrittweise hilft sie uns, unseren Weg erfolgreich zu gehen.

In diesem alten Ratgeber, der für Menschen, „wie Du und Ich" geschrieben wurde, geht es oft auch um zwischenmenschliche Beziehungen, die den unseren sehr ähnlich sind. Verdrängen wir einmal nur für einen kurzen Augenblick unsere so wertvollen technischen Errungenschaften wie Auto, Fernseher, Waschmaschine und Kühlschrank. Legen wir für eine kurze Zeit einmal unser Handy aus der Hand oder das Tablet. Was bleibt dann noch? Das wertvollste, das es gibt. Der Mensch!

Ich und mein Ehepartner, mein Freund und Nachbar. Ich werde Dinge sehen die ich jahrelang nicht gesehen habe, weil ich abgelenkt wurde. Ich sehe mich und meinen Nächsten. Ich sehe das Leben.

Einige Menschen sind Atheisten. Sie glauben gar nicht an Gott. Kann die Bibel auch für Sie ein wertvoller Begleiter werden? Für diese Frage suche ich eine Antwort, weil die Bibel mir selbst viel Trost und Ermunterung gibt. Ich lerne das Alltagsleben aus der Sicht eines Lebewesens zu sehen, aus der Sicht eines Menschen und nicht etwa aus der Sicht eines weit verzweigten Netzwerkes. Das serviert uns tausende von unterschiedlichen Meinungen. Es ist fast wie ein Lotteriespiel, hier die richtige Möglichkeit für mein weiteres Leben zu finden.

Wenn ich hin und wieder über diese Zeilen nachdenke, fällt mir auf, dass mein Besuch in einem „Freizeitpark der Psyche" schon einige Jahre zurückliegt. Damals gab es noch gar keine Handys, noch kein Tablet. Doch es gab Menschen mit den gleichen Problemen! Die Probleme des 20. Jahrhunderts sind die gleichen wie die des 21. Nur treten sie heute scheinbar in einem viel größeren Ausmaß auf. In einer Zeit ohne Facebook oder Handy hatte ein junger Mensch in der Regel keine 500 oder 1000 Freunde. Vielleicht gab es nur drei oder vier gute Freunde, vielleicht aber auch nur einen. Dieser war dann aber für mich da!

Vor lauter Simsen und chatten hat niemand mehr Zeit persönlich da zu sein. Es antwortet eine Maschine mit tausend Meinungen. Danach bin ich so verwirrt, das ich gar nicht mehr weiß, wo die Lösung des Problems zu finden ist, obwohl sie manchmal direkt auf der Hand liegt.

In Gedanken gehe ich einige tausend Jahre zurück, in eine Zeit, in der es keine Autos gab oder andere Maschinen, die uns heute das Leben erleichtern sollen. Früher hatten Landarbeiter einen viel längeren und härteren Tag als wir heute. Wir haben uns Freiheiten erkämpft. Urlaub, Wochenende, relaxen und vieles mehr. Paradox in dieser Angelegenheit ist, das wir trotz Erleichterungen weniger Zeit füreinander haben. Wir haben eine nähere Beziehung zu unseren Maschinen, sprich Handy, aufgebaut, als zu unseren Mitmenschen. Damit verlieren wir Freunde. Hier kommt erneut eine alte Tatsache auf. Wer einen guten Freund hat, braucht keinen Psychiater. Ein Freund nämlich kann auch nur zuhören. Er hat, wie bereits am Anfang des Buches erwähnt, kein Mittel für ein Leiden. Ich erinnere mich: „Krankheiten sind heilbar, nicht aber ein Leiden".

Nun können wir vielleicht in etwa nachvollziehen, warum die Menschen zur Zeit der Bibelschreibung ein zwischenmenschliches Problem lösen konnten, was heutzutage als fast unmöglich erscheint. Dies hat nichts mit Wundern zu tun, sondern mit Respekt, Liebe, Vergeben und Vergessen. Darum halte ich die Heilige Schrift auch heute noch für den besten Ratgeber aller

Zeiten.

Tausende von Ratgebern wurden zwischenzeitlich geschrieben, überarbeitet, überholt, ergänzt, verworfen und neugestaltet. Manchmal wurden sie aus verstaubten Kisten zurückgeholt, um sie als das neueste Heilmittel vorzustellen.

Warum versuchen wir es nicht einmal mit Ratschlägen aus einer Zeit oder aus einer Gesellschaft, die noch weitgehend funktioniert hat?

Ich kenne die Vergangenheit und meine Gegenwart. Doch oft denke ich darüber nach was die Zukunft bringt: Werde ich so stark werden, dass ich diese Klinik nie wieder betreten muss? Mein Therapeut bezeichnet das als ein „Unmögliches Unternehmen". Die Zeit wird es zeigen.

Die innere Kraft hierfür erhalte ich aus zwei Büchern. Das eine ist die Heilige Schrift! In das andere schaue ich hin und wieder einmal hinein um mich an meine Vorsätze zu erinnern. Das soll jetzt nicht heißen, dass diese beiden Bücher gleichwertig sind. Das Schreiben eines Tagebuches hilft Gedanken zu ordnen, zu neuen Entschlüssen zu kommen. Empfehlungen aufzunehmen. Mehr nicht!

Das weitaus bessere Buch von beiden ist und bleibt die Bibel. Ich frage mich oft: Warum suchen so viele Menschen in den Büchereien nach Ratgebern? Wenn Bücher doch nicht helfen, warum dann danach suchen?

Warum versuchen es die Notleidenden nicht einmal mit dem Wort Gottes? Schaden kann es nicht. Viele die es das erste Mal ausprobiert haben, begannen mit dem Bibelbuch Matthäus, mit einem Evangelium. Man muss nicht unbedingt bei Adam und Eva anfangen, obwohl es hier um zwischenmenschliche Beziehungen geht. Unsere Probleme sind also uralt!

Gewöhnen wir uns an ein anderes Denkmuster. Da viele Krankenverläufe mit den Nerven zu tun haben, müssen wir unsere Nerven durch eine gesunde und positive Denkweise beeinflussen. Nicht nur die Muskeln sind trainierbar, sondern auch die Nerven. Von dort aus wird alles gesteuert. Ich muss lernen positiv zu denken. Ich baue meinen Frust ab und gewinne dadurch wieder Lust am Leben.

Aus meinen tiefen Gedanken werde ich nun herausgerissen. Der Geistliche, der uns das Thema Hiob etwas näherbringen wollte, eröffnet diesen Abend mit einer Frage: „Warum sind Sie alle hier? Welche Erwartungen haben Sie zum Thema: Glaube und Heilung?" Nun schaut er in die Runde. Dann blickt er jeden einzeln an und wiederholt seine Frage: „Warum sind Sie hier? Was erwarten Sie von dieser Diskussionsrunde?"

Während die meisten der hier Anwesenden aus „Neugier" gekommen sind, wie sie selbst die Frage des Pastors beantworten, habe ich schon ganz andere

Gedanken. Viele hörten schon einmal etwas von einer „Hiobsbotschaft". Wenn also das Leiden des Orientalen Hiob bis in unsere heutige Zeit durch einen einzigen Begriff wie „Hiobsbotschaft" überliefert ist, dann muss es sich hier um eine ganz außergewöhnliche Botschaft handeln.

Hier haben wir eine Jahrtausendalte Geschichte, die kein Märchen ist. Ein Erlebnis eines der reichsten Männer der damaligen Zeit. An einem einzigen Tag zehn Kinder, Hab und Gut zu verlieren, das mag uns an den Rand des Wahnsinns treiben. Nun stelle ich mir diese Situation vor: In meiner Not besuchen mich einige Freunde. Doch anstatt mich zu trösten vermitteln sie mir den Gedanken: „Du bist selbst schuld! Du hast Fehler gemacht, jetzt musst Du damit leben!"

Wie fühle ich mich damit? Zu guter Letzt stellt sich vielleicht noch meine Frau gegen mich und vermittelt mir den Gedanken: „Da kommst Du nicht mehr raus. Gib auf! Besser wenn Du stirbst".

Was hat Hiob geholfen? War es ein Handy mit tausenden von Freundschaftsanzeigen? War es ein Tablet, gefüllt mit guten Ratgebern? Nein! Er hatte einen wirklich guten Freund. Sein unerschütterlicher Glaube an Gott. Das Thema Glaube und Gott mag heute sehr belächelt werden. Viele mögen es als unangebracht sehen, dieses Thema überhaupt zu erörtern. Hierzu kommt mir eine Frage in den Sinn, die sich jeder selbst beantworten muss: Warum werden die Probleme der Menschheit, seitdem wir an nichts mehr glauben, immer größer?

Mit dem Schlaf kommen auch die Träume wieder. Es sind noch unruhige, wirre Träume. Es sind Träume, die ich bisher noch nicht hatte. Da ich während der Träumerei schlecht Notizen machen kann, versteht es sich von selbst, dass ich diese Zeilen nachträglich geschrieben habe.

Träume möchte ich nicht überbewerten. Aber ich kann einiges von ihnen ableiten, da ich mich tagsüber mit diesen und ähnlichen Gedanken beschäftigt habe. Wenn es oft auch nur im Unterbewusstsein war, die Träume und meine Versuche einer Analyse haben mich einen großen Schritt weitergebracht. Der Traum allein befriedigt einen Menschen nicht. Er wird erst lebendig, wenn man ihn in die Tat umsetzt. Hin und wieder sollte sich jeder einen Traum verwirklichen.

Überraschend bin ich in einem Film zu sehen, der gerade gedreht werden soll. Ich weiß nicht mehr um welches Thema es geht, das ist in diesem Fall aber auch nebensächlich.

Viel entscheidender ist die „Hauptrolle" in diesem Traum. Der Regisseur, Heinz Rühmann, war ein hervorragender Schauspieler und ein Perfektionist. Immer wieder fordert er auf, es noch einmal zu machen. Es muss perfekter werden. Dann sprach Rühmann von den guten alten Filmen: „Das war noch Kunst.

Perfektion bis zur Vollendung. Heute ist das meiste nur noch Schrott."

Wie bereits erwähnt, habe ich gelernt Ansprachen und Vorträge zu halten. Sich aber vor einer Kamera zu präsentieren, scheint mir unmöglich. Ich lernte zu diskutieren und auch die Kunst der Argumentation, aber auf einem Präsentationsteller zu sitzen und sich dabei noch frei zu bewegen, während ich von allen Seiten angeglotzt werde, das scheint mir doch unmöglich. Und nun fordert dieser Mann von mir Perfektion.

Diese Perfektion habe ich von mir selbst immer gefordert. Es muss alles stimmen, dutzende Male wird alles überdacht, geprobt, wiederholt und nochmals alles durchdacht. In einer Ansprache, ok, aber in einem Film? Das verstehe ich nicht. Warum träume ich vom Film? Kann ich mich hier üben locker zu werden? Sich frei zu bewegen, trotz Perfektionismus? Warum ist heute alles Schrott? Beziehe ich das auch auf mich selbst? Wo ist mein Selbstwertgefühl? Auch wer Fehler macht, muss nicht versagen!

Ich liebe die alten Filme von Heinz Rühmann. In einer seiner Paraderollen sagte er einmal als braver Soldat, der einen langen Fußmarsch hinter sich gebracht hatte, folgendes: „Es hat alles seinen Sinn!" Seine Devise bestätigte sich bald: An einem Rastplatz rauchte er ein Pfeifchen. Nach dem Genuss zog er weiter, vergaß aber seinen Tabakbeutel. Auf seinem weiteren Weg verpasste er die Abzweigung und ging somit im Kreis. Als er erneut am alten Rastplatz ankam, fand er seinen Tabakbeutel wieder, „Es hat halt alles seinen tiefen Sinn."

Einmal stand ihm ein Russe gegenüber, sein Feind. Der eine fürchtete sich mehr, als der andere. Sie kamen ins Gespräch und tauschten Bilder aus. Der brave Soldat steckte das Familienfoto des Russen in seine Tasche. So wurden sie Freunde. Da sie nicht länger Feinde sein wollten, tauschten sie noch ihre Uniformen. Später greift der brave Soldat in seine Jackentasche, die ja zuerst seinem Feind gehörte und holte das Bild hervor, welches er gerade verschenkt hatte. Kann es sein, dass man sich selbst findet, wenn man einmal die Rollen tauscht und eine andere Identität annimmt?

Tag 9:

Das Glück des Bären

Nach Bildvorlage forme ich einen aufrecht gehenden Großbären. Die Schwierigkeiten des Anfangs sind überwunden. Der Bär entspricht mehr und mehr seinem Ebenbild. Die Fehler des ersten Modells habe ich verstanden und verändert. Wer an Details interessiert ist, muss genau hinsehen. Gerade die Details, wie Muskeln, Sehnen, ausladende Schultern und vieles mehr, geben dem Tier seine Ausstrahlung. Nun schaue ich mir bewusst alles genau an. Ich untersuche eine Blume, beobachte einen Käfer oder betrachte einen Stein. Wenn ich das nächste Mal spazieren gehe, schaue ich genauer hin, was am Wegesrand liegt. Nicht achtlos vorbeieilen. Stehen bleiben, untersuchen und genießen. Sicher werde ich Dinge entdecken die mir bisher verloren gingen und ein Stück meines Lebens raubten.

So wie mein Bär stark wird und wächst, bin auch ich gewachsen, bestätigt mir meine Ärztin. Etwas freier und gelockert bewege ich mich auf andere zu. Es wird mir empfohlen in eine Gesprächsgruppe zu gehen.

Verordnung Nr. 27: „Analytisch orientierte Gruppen-Psychotherapie". Eine neue Herausforderung mit mir noch unbekannten Personen ein vertrauliches Gespräch zu führen. Immerhin geht es hier um meine innersten

Gedanken und Gefühle, die offen auf den Tisch gelegt werden sollen. Daher taucht folgende Frage auf: Kommt es nun zu einer neuen Belastung oder kann dieser Weg auch befreiend sein. Wovor ich mich zuerst fürchtete, darauf bin ich jetzt gespannt.

Meine Ärztin ist der Meinung, ich könnte der Gruppe mit meinen Erfahrungen und Beispielen, die ich immer erzähle, einiges geben. So denke ich an Hilfe, nicht nur Hilfe für mich, sondern in erster Linie auch für andere. Menschen zu helfen baut mich auf, gibt mir Kraft. Erfahrungen auszutauschen, wie manche ihr Leben trotz eines Leidens meistern oder auch damit irgendwie fertig werden müssen, kann schon hilfreich sein, seine eigene Situation beurteilen zu lernen.

In einer Gruppe könnte jeder der Anwesenden profitieren, wenn er nicht nur sich selbst im Spiegel betrachtet, sondern auch seinen Nächsten sieht. Oftmals sehen Leidende nur sich selbst und fragen sich unweigerlich: „Warum gerade ich? Warum muss ich so viel durchmachen?"

Vor lauter Selbstmitleid sehe ich nicht mehr die Bedürfnisse meines Nachbarn. Dieses selbst bemitleiden wirkt wie ein Schleier auf den Augen. Es vernebelt die Perspektive. Nun gut, Menschen die schmerzlichen Leiden erfahren haben und teilweise auch ausgegrenzt werden, weil sie oftmals ganz anders handeln als erwartet wird, sind schon geneigt sich zu schützen. Eigentlich verständlich! Doch ist das auch hilfreich?

Sicher gibt es Momente im Leben eines Menschen da kann er gar nicht anders. Er muss sich einfach wegdrehen, von der Gesellschaft entfernen. Das entspricht einem unüberlegten Schutzmechanismus. Ich sage bewusst „unüberlegt", denn wer malt sich schon von Anfang an aus, welche Auswirkungen dieses abschotten von der Gesellschaft auf ihn selbst oder andere haben wird.

Jeder Mensch, ob jung oder alt, verfügt über ganz natürliche Schutzmechanismen. Einer davon ist die Angst. Auch wenn wir nach außen hin stark erscheinen, tauchen doch immer mal wieder Angstgefühle auf. Angst vor der Zukunft. Die Angst seine Arbeit zu verlieren. Angst vor dem Sterben und vieles mehr. Da es die unterschiedlichsten Ängste gibt, können wir davon ausgehen, dass auch die Reaktionen darauf ganz unterschiedlich sind.

Viele Menschen plagen sich schon seit vielen Jahren mit Angstgefühlen. Wen verwundert es, dass diese Menschen im Laufe ihres Lebens gelernt haben die unterschiedlichsten Schutzmechanismen aufzubauen. Natürlich nur, um sich selbst zu schützen. Um der Angst zu begegnen gibt es eigentlich nur zwei Möglichkeiten:

Davor fliehen oder sie anzugreifen. Da wir manchmal ohnmächtig vor Angst sind und dieses schreckliche Gefühl nicht immer wieder erleben wollen, beginnen wir mit der Flucht.

Jedes noch so schnelle Tier, das von einem übermächtigen Feind verfolgt wird, verliert irgendwann seine Kraft. Niemand, ob Mensch oder Tier, kann dauernd rennen. Hin und wieder braucht jeder seine Ruhe. Einen Ort an dem er sich ausruhen und erholen kann. Ist der „Freizeitpark für die Psyche" so ein Ort? Wir werden sehen.

Da ich nicht unendlich auf der Flucht sein kann, muss ich eine andere Möglichkeit finden, denn dauerhafte Ängste führen zu Erkrankungen. Die Devise lautet „Flucht nach vorn", sich dem Feind „Angst" entgegenstellen. Leicht gesagt, doch schwer umzusetzen. Hin und wieder kommt uns das Leben selbst zur Hilfe. Manchmal haben wir keine andere Möglichkeit mehr, als mit dem Mut der Verzweiflung einen Gegenangriff zu starten. Das lässt sich sehr gut in der Natur belegen:

Antilopen, ein Sammelbegriff für Hornträger wie zum Beispiel Ziegen oder auch Rinder, sind Tierarten, die nicht näher miteinander verwandt sind. Sie haben nur eines gemeinsam und das sind eben diese Hörner. In der Antike hatte das Wort Antilope eine ganz andere Bedeutung. Es war ein Fabelwesen, das an den Ufern des Euphrat lebte. Von diesem Wesen wurde gesagt, es sei so flink, das kein Jäger es stellen konnte. Die Hörner sollten scharf sein wie Sägen. Damit waren sie sogar in der Lage Bäume zu fällen. Nur hatten sie ein Handicap: Manchmal verfing sich das Tier mit seinen Hörnern im Gestrüpp. Jetzt konnte es erlegt werden.

Das kommt mir bekannt vor. Ängste haben uns gelehrt eine besondere Schicklichkeit zu entwickeln. Sie sind nicht nur sehr schnell, sondern auch einfallsreich.

Das sehen wir manchmal bei Analphabeten. Sie sind in der Lage ihr Handicap jahrelang vor anderen geheim zu halten. Sie entwickeln außerordentliche Fähigkeiten, um ihr Problem zu verstecken. Die Tricks, die sie anwenden, erweisen sich als eine Waffe, so wie die scharfen Hörner der Antilope. Doch diese Waffe kann uns auch zum Verhängnis werden, in einem Gestrüpp der Verwirrungen des Geistes. Irgendwann sind wir mit der Situation überfordert und machen schlapp.

Also nützt alles nichts, oder? Eine ständig andauernde Flucht ist unmöglich. Die Waffe Schutzmechanismus kann zerfallen wie eine poröse Mauer. Alles umsonst, vergebliche Liebesmüh. Nein! Hier mache ich nochmals einen kurzen Ausflug in die Tierwelt.

Der Moschusochse gebraucht ebenfalls seine starken Hörner zur Verteidigung. Ist er auf der Flucht, dann in der Regel innerhalb seiner Herde. Schulter an Schulter fliehen sie so zum Beispiel vor Polarwölfe auf eine

Anhöhe. In einer Phalanx förmigen Aufstellung wenden sie sich nun mit dem Gesicht ihren Angreifer zu. Werden sie von Wölfen eingekreist ist auch ihre Stellung kreisförmig. Die Jungtiere sind geschützt innerhalb dieses Kreises.

Menschen entwickeln sich hin und wieder zu Einzelgängern. Das macht jedoch einsam und schutzlos. Auf Dauer gesehen sind Flucht und der Einzelkampf keine Lösung. Wer dies eingesehen hat, wird sein Verhalten ändern und umdenken müssen.

Es ist keine Schande Hilfe anzunehmen. Dabei sollten wir bedenken, es ist keine Einbahnstraße. Wer Hilfe annimmt, muss auch bereit seine Hilfe zu geben, ganz besonders in einer Gesprächsgruppe. Hier gibt es Regeln, die wir zum Nutzen aller einhalten müssen.

In diesem Sinne bin ich gespannt auf acht bis zehn Menschen, die ihre Nöte und Ängste haben. Sie wollen wachsen, so wie der Bär in meinen Händen. Aufrecht stehen und anderen zeigen, ich bin doch wer, ich bin nicht umsonst da. Gern werde ich Teil einer mir noch unbekannten Gruppe, in der Hoffnung: Nehmen und geben zu können.

Heute habe ich Besuch von meinen Eltern und meiner Schwester erhalten. Während sich meine Mutter und meine Schwester mit mir angeregt unterhalten, ist mein Vater in sich gekehrt und scheint noch abwesend, vielleicht auch etwas apathisch.

Dann kommt das Gespräch auf sein neues Auto, wir reden über Schach und das Wiedersehen nach einem Jahr. Das Gespräch wird lockerer. Es gibt vieles zu berichten.

Trotz der Freude geht es mir heute schlecht. Meine Knie zittern, mir ist schwindelig. Ich verspüre Übelkeit und die entsetzlichen Kopfkrämpfe überfallen mich von neuem.

Jeder Besuch hat auch einmal ein Ende und so heißt es wieder Abschied nehmen. Auf den letzten Metern zum Parkplatz erfahre ich, dass mein Vater sich oft zurückzieht und viel nachdenkt, über längst vergangene Zeiten. Darin sind wir beide uns sehr ähnlich. Auch ich denke viel nach über Vergangenes.

Da wir uns eigentlich sehr gleich sind, was ich als Kind ganz anders sah, knallten unsere Dickschädel in der Vergangenheit öfters einmal zusammen. Heute ist das ganz anders. Jeder denkt auf seine Weise darüber nach. Wir hätten es schon längst einmal gemeinsam tun sollen. Doch in meinem Innern war immer eine Blockade, die verhinderte, dass meine Gefühle herauskamen. Sie verhinderten das Wort „Papa" und „Liebe."

Noch ein Jahr, dann wird er 70 Jahre alt sein und plötzlich bekomme ich Angst. Obwohl er sich körperlich noch sehr wohl fühlt, besser als meine Mutter, überkommt mich eine panische Angst. Habe ich meinen lieben Vater heute zum letzten Mal gesehen? Vieles zwischen uns ist nie ausgesprochen worden. Trotz vieler Meinungsverschiedenheiten während meiner Kind- und Jugendzeit schätze ich ihn heute sehr.

Jetzt, wo ich so krank bin, weiß ich, welche Ängste ihn geplagt haben müssen, welche Gedanken ihn heute beschäftigen. All das macht mich sehr nachdenklich. Seitdem wir räumlich getrennt sind, mehr als 600 km, sind wir uns näher als je zuvor. Seitdem ich zwei Kinder habe sehe ich ihn nicht nur als Großvater, sondern mehr und mehr als Vater.

Viele Jahre glaubte ich, er könne mit Kindern nicht viel anfangen. Doch ich war jedes Jahr aufs Neue überrascht, wie mein kleiner Sohn, jetzt neun Jahre alt, auf den Besuch seines geliebten Opas wartet. Manchmal war ich etwas neidisch, zum Beispiel als mein Sohn von seinem Opa eine Taschenuhr geschenkt bekam. Die habe ich mir ein Leben lang gewünscht. Doch heute denke ich, dass etwas Unausgesprochenes nachgeholt wird, wofür ich sehr dankbar bin.

Wie es der Zufall will, hatte ich meinem Sohn etwa ein

halbes Jahr vorher eine goldene Taschenuhr gekauft. Lieber wäre es mir gewesen, ich hätte eine Uhr zum Vererben gehabt. Jetzt trat der andere Fall ein. Da mein Sohn nun zwei Uhren besaß und ich nicht einmal eine Armbanduhr hatte (die gehen durch das viele Schwitzen immer sehr schnell kaputt), erhielt ich mein Geschenk zurück. Die Bemerkung meines Sohnes: „Du musst auch eine Uhr haben. Die vererbe ich dir".

Immer wenn ich auf diese Uhr schaue, denke ich an meinen Sohn. Diese lang ersehnte Uhr ging einen weiten Weg. Möge sie noch lange schlagen und mich an meinen Sohn und Vater erinnern, die ich beide liebe.

Noch eine gute Woche werden meine Eltern bei mir zu Hause sein, bei meiner Frau und meinen Kindern, während ich noch fast fünf Wochen im Freizeitpark der Psyche zubringen muss. Erst in einem Jahr werden wir uns wiedersehen und wie so oft, nehme ich mir vor, ein intensives Männergespräch zu führen.

Plötzlich lebe ich mit einer neuen Angst: „Wird es noch dazu kommen? Hoffentlich ist es noch nicht zu spät. Sehen wir uns wieder?"

Das Leben hält viele Überraschungen bereit, doch eines weiß ich heute ganz bestimmt: „Ich verstehe ihn und er versteht mich." Dieser Gedanke tröstet. Wenn meine Krankheit bisher auch zu nichts nützlich war, jetzt hat sie mich einiges verstehen lassen und dafür bin ich sehr dankbar.

Diese Dankbarkeit wirkt sich nicht nur auf die Beziehung zu meinem Vater aus, sondern auf alle anderen Menschen, die bedrückt und beladen sind. Wenn ich doch nur mehr Kraft hätte all diesen Menschen zu helfen! Die Grundlage ist hier und heute gelegt.

Gymnastik und Bäder

Was mich zuerst plagte, beginnt mir nun Spaß zu machen. Bei der Wirbelsäulen-Gymnastik wird die Muskulatur gestreckt. Die Übungen sind relativ einfach aber wirkungsvoll. Gleichzeitig baue ich in der Gruppe Hemmungen ab.

Ich lerne meinen Körper zu bewegen, ohne Furcht vor dem, was andere sagen oder denken könnten. Hier arbeitet jeder so gut mit, wie es ihm seine eigene Gesundheit oder Krankheit erlaubt.

Kleinigkeiten werden gefordert. Höchstleistungen sind nicht angesagt. Entspannen und sich wohl fühlen, ohne Zwang und so, wie es jeder für richtig hält.

Das Vollbad in Eichenrinde, gegen das Schwitzen, entspannt mich. Ich hoffe es wird seine Wirkung bald zeigen. Die ersten beiden Bäder sind schon sehr viel versprechend.

Die erste körperliche Untersuchung in diesem „Freizeitpark", ist eine Überraschung. Herz und Lunge werden abgehört und dann sollen die Reflexzonen getestet werden.

Vorbeugend sage ich: „Bei mir finden Sie keine Reflexe, das haben schon einige andere Ärzte aufgegeben. Nichts hat sich nach dem Hammerschlag getan." Jetzt ist plötzlich alles anders. Meine Ärztin setzt nur einen leichten Schlag unterhalb meiner Kniescheibe an und mein Bein springt wie wild geworden in die Luft. Irgendetwas in mir hat sich gelockert. Ich bin nicht mehr so verkrampft. Es kommt raus, was herauskommen muss.

Obwohl ich immer noch starke Schmerzen habe und schlecht schlafen kann, zeigen die Gymnastik-Stunden und die anschließenden Vollbäder ihre erste Wirkung. In der Töpferwerkstatt kommt gerade meine Schale aus dem Ofen. Der Elefant wird noch getrocknet und der Malaien Bär ist fast fertig modelliert. Alles geht Stück für Stück seinen Gang.

Geduld

Zehn Tage in einem „Freizeitpark". Das ist eine lange Zeit. Selbst wenn jeder Tag ein Vergnügen wäre würde ich mich nach dem Ende sehnen.

In einem bequemen Sessel im Aufenthaltsraum bin ich kurz eingenickt. Merkwürdig, in diesem dämmrigen Halbschlaf kommt mir meine Hochzeit in den Sinn. Damals hatte ich für diesen besonderen Tag eine fünfstöckige Torte gebacken. Meine Lieblingstorte, eine Schwarzwälder Kirsch. Da es natürlich auch noch viele andere Kuchen gab, blieb einiges von der fünfstöckigen übrig. Damit hatte die Familie noch für einige Tage Kuchenproviant.

Die Schwarzwälder Kirschtorte schmeckte jedem. Doch nach dem dritten Tag wollte sie keiner mehr essen. Der Gaumen verlangt nun nach etwas festen, etwas Herzhaftem, wie der Badener sagt. Warum gehen mir diese Gedanken durch den Kopf? Sehne ich mich nach der Abwechslung?

Ja, ich brauche mal Tapetenwechsel. Weg von zu Hause, etwas Anderes sehen und hören. Einkaufen zu gehen ohne zu hetzen. In einem Lokal gemütlich verweilen ohne dauernd daran denken zu müssen, gleich wieder zu gehen, weil zu Hause die Frau ungeduldig wartet. Allein, ohne Gewissenbisse, in eine Oper oder ein Musical zu gehen. Kann ich das genießen während meine Frau sich verpflichtet hat die Kinder zu hüten? Sie nie allein zu lassen. Komme was da wolle!

Als diese Gedanken in mir hochkommen verstärken sich meine Kopfkrämpfe. Mit der Psyche des Menschen ist es schon eine merkwürdige Angelegenheit. Gerade noch denke ich an etwas Positives, an etwas Schönes, wie meiner Hochzeit. Kurz darauf falle ich in ein tiefes Loch. Es ist nichts Schlimmes passiert, ganz im Gegenteil. Während des Absturz fällt mir ein Spruch meiner Mutter ein: „Himmelhoch jauchzend, zu Tode betrübt."

Beides ist mir bekannt. Ich kenne die Freude aber auch die Trauer. Nur das sie so dicht nebeneinander liegen haut mich förmlich um. Es gibt keine schlechten Nachrichten, wie den Tod eines nahen Angehörigen, dennoch liege ich jetzt am Boden. Kann ein positives Gefühl oder das Nachdenken darüber ins Gegenteil umschlagen?

In mir erwacht ein schlechtes Gewissen. Ich bin hier zur Erholung. „Tu mal etwas für dich", habe ich mir einreden müssen, um überhaupt hier zu sein. Nun kommen mir erneut Bilder von zu Hause in den Sinn. Meine Frau braucht Unterstützung. Allein kann sie es gar nicht schaffen. Gerade erst zehn Tage vorbei. Dreißig liegen noch vor mir. Oder muss ich fairerweise sagen, „sie liegen noch vor uns?" Irgendwie müssen wir sie beide überstehen. Wer jedoch hat das schlimmere Los gezogen?

Geduld ist nicht meine Stärke. Schnell möchte ich immer zum Ergebnis kommen. Jetzt ist mir einiges klargeworden: Hier im „Freizeitpark" habe ich eine veränderte Situation, die nicht unbedingt schlecht ist. In einigen Wochen geht es zu Hause im gleichen Trott weiter. Meine Frau wird immer noch krank sein. Ich muss es weitertragen. Wer von uns beiden hat nun die größere Geduld?

Tag 11:

Ein langes Wochenende

Heute stehen keine Therapien auf dem Plan. Daher beginnt das Wochenende für mich schon am Freitag und ich muss mir selbst überlegen, wie ich die Zeit und meine Kraft am günstigsten einteile. Bevor ich wieder in die Töpferei gehe, besorge ich mir nun doch noch eine Schmerztablette gegen meine Kopfkrämpfe. Chemie lehne ich ab, bis es tatsächlich nicht mehr anders geht.

Nur noch wenige Details und mein Bär wird fertig werden. Ein schönes Geschenk für meine Tochter ist entstanden, die selbst einmal ein ausgezeichnetes Bärenbild gemalt hatte.

Anschließend versuche ich mein neuerlerntes Hobby an einer Brillenschlange zu vervollständigen. Wenn es etwas wird, vermache ich diese Schlange meiner Frau. Das ist aber nicht symbolisch zu verstehen. Es ist einfach nur deswegen, weil meine Frau Schlangen und ähnliche Kriechtiere sehr liebt, ganz im Gegensatz zu ihrer Mutter. Sie läuft lieber einen großen Bogen, um dem Rendezvous aus dem Weg zu gehen.

Meiner Schwiegermutter schenkt man lieber etwas Anderes, wenn man es sich nicht mit ihr verderben will. Es gibt da ja so viele Möglichkeiten, wenn man sich nur etwas umsieht.

Viele Gedanken kommen und gehen, doch zurzeit beschäftigt mich immer wieder die Frage, warum so viele junge Menschen krank sind?

Hier ist zum Beispiel ein junges Mädchen, die kaum mit jemandem spricht. Dennoch fühle ich, dass sie ein sehr nettes Wesen hat. Zufällig treffe ich sie bei einem Gläschen Wein und sie beginnt zu erzählen, sehr leise und zurückhaltend, immer mit Augenzuckungen, die offensichtlich nie zur Ruhe kommen.

Wahrscheinlich steckt sie voller Ängste. Ich kenne ihr Problem nicht, noch nicht. Dennoch spüre ich ganz deutlich, dass sie eine große Last auf ihren Schultern trägt. Mit ihren jungen Jahren war sie schon mehrmals in verschiedenen Kliniken. Hier ist ihre vierte Station, in der sie schon acht Wochen durchhält. Zwei lange Wochen liegen noch vor ihr.

Da ich selbst schüchtern bin, frage ich mich, wie ich ihr und anderen helfen kann. Wie komme ich an sie heran ohne aufdringlich zu wirken? Die wenigen Sätze, die wir miteinander sprechen lockern sie ein wenig auf. Sie sucht den Kontakt. Sie sucht nach Hilfe und nach Antworten, aber irgendetwas scheint sie zu blockieren. Ich würde ihr gern die Antworten geben, die sie braucht, aber ich kenne ihre Fragen noch nicht. Sie wird sich öffnen, wenn sie dazu bereit ist.

Ein Gespräch kann sehr anstrengend aber auch erholsam sein. In der Regel ziehe ich mich zurück wenn es darum geht neue Kontakte zu knüpfen. Das ist nicht gewollt. Ganz im Gegenteil. Eine sinnvolle Diskussion belebt den Geist. Sie weckt neue Impulse, neue Ideen. Dazu muss man jedoch auf andere zugehen. Nur selten gelingt mir das. In der Regel verurteilt mich meine Schüchternheit zur Einsamkeit.

Vor einigen Stunden war es anders. Im Café neben der Klinik saßen einheimische Gäste. Als ich das Lokal betrat musterte ich zunächst alle Tische. Gleich fiel mir ins Auge das es heute keinen freien Tisch für mich gibt. Jetzt den Rückwärtsgang einschalten, gehen, auf den Kaffeenachmittag verzichten.

Jetzt trafen mich die Blicke der Wirtin. Peinliche Situation. Nun unverrichteter Dinge wieder gehen? Was für einen Eindruck hinterlässt das? Innerhalb von wenigen Sekunden gehen mir tausende von Gedanken durch den Kopf. Ich stand auf den Präsentierteller. In der Mitte des Lokals und alle glotzen mich an.

Weit gefehlt. Das war nur in meiner Einbildung. Die Gruppen oder Pärchen in diesem Lokal waren im Gespräch vertieft. Sie bemerkten mich gar nicht. Mit diesen blöden Gedanken stehe ich mir selbst im Weg. In so einer Situation wäge ich blitzschnell ab was wohl peinlicher ist. Schnell einen Platz suchen, egal wo, oder fluchtartig gehen. Ich entschied mich für das erstere. An einem Tisch saß nur eine Person. Sie kannte ich vom Sehen, daher setzte ich mich zu ihr, allerdings erst nach der gewohnt höflichen Frage: „Ist hier noch Platz?" Eigentlich eine blöde Frage, wenn man doch deutlich sieht das alle Stühle, bis auf einem, frei sind. Die Frage müsste doch ehrlicherweise anders formuliert werden: „Haben Sie etwas dagegen, wenn ich hier sitze?"

Das junge Mädchen aus der Klinik senkte ihren Kopf und schaute auf den Tisch. Mit beiden Händen griff sie nach ihrem Weinglas und drehte es verlegen einmal rechts und einmal links herum. Dann hatte sie so ein zucken im Auge. Kaum hörbar sagte sie „Ja."

Jetzt zuckte ich zusammen. Worauf bezieht sich dieses „Ja?" Ach richtig, ich hatte ja nach einem freien Platz gefragt. Alles ging wahrscheinlich in nur wenigen Sekunden ab, für mich war es eine Ewigkeit. Peinlich, angegafft zu werden, weil ein etwas älterer Mann ein junges Mädchen um einen Platz bittet. Doch niemand beachtete uns, schenkte uns nicht mal einen Blick. Das wird mir erst jetzt klar während ich diese Zeilen schreibe.

Nun saß ich direkt vor dem jungen Mädchen. Jetzt galt es wieder abzuwägen, was wohl peinlicher ist. Einfach nichts zu sagen und zu schweigen oder den Mund aufzumachen. Jemand gegenüber zu sitzen ohne ihn zu beachten, wirkt auf mich diskriminierend. So überwand ich mich und fragte: „Wie ist der Weißwein hier?" Es kam nur ein ganz leises: „Gut."

Naja, nach dieser tollen Empfehlung verzichtete ich auf meinen Kaffee und bestellte mir einen trockenen Weißwein. Als ich daran roch und einen kleinen Schluck nahm, lachte sie. Sah wohl komisch aus, wenn ein Laie einen Weinkenner imitiert. Das Eis war gebrochen und wir kamen ins Gespräch. Doch wir blieben nicht lange allein. Nach und nach kamen weitere Gäste aus der Klinik. Sie setzten sich einfach zu uns, als wenn es das natürlichste der Welt wäre. Wie unnötig schwer habe ich es mir doch gemacht. Wenn sich zwei oder drei Leute im Gespräch befinden, dann setze ich mich doch nicht zu ihnen und störe sie. Das ist unhöflich!

Ja, das ist der Grund warum ich oft ganz allein in einem Lokal sitze und einsam bin, während sich andere amüsieren. Ihnen fällt es leichter „aufdringlich" zu sein. Sie genießen das Leben in Geselligkeit. Am Tisch gab es jetzt ein lautes Diskutieren, über den Unsinn dieser Welt. „Was für ein unnützes Grölen um Nichtigkeiten", dachte ich mir. Eigentlich war ich jetzt innerlich etwas böse geworden, weil ein beginnendes Gespräch im Keim erstickt wurde. Das junge Mädchen schwieg, ich schwieg.

Eine ausgelassene Meute feierte den Beginn eines neuen Wochenendes. Eine gesellige Runde die immer

103

größer wurde. Jeder hatte seinen Gesprächspartner gefunden. Nur zwei schwiegen. Sie waren allein.

Tag 12:

Die Fähigkeit zu lernen

Es ist erst halb sieben Uhr. Ich kann nicht mehr liegen und stehe auf. Die Dusche macht mich munter, obwohl ich sonst ein Morgenmuffel bin. Hier und heute ist alles anders. Als einer der ersten sitze ich im Aufenthaltsraum und warte darauf, dass der Speisesaal geöffnet wird. Doch es ist noch zu früh und somit muss ich wieder einmal warten.

Jetzt fällt mein Blick auf das junge Mädchen von gestern. Sie kommt gerade in die Halle. Wahrscheinlich wird sie wieder ganz schüchtern an allen vorbeigehen. Doch es geschieht etwas, was ich nicht erwartet habe. Sie kommt auf mich zu und setzt sich zu mir.

Redselig ist sie immer noch nicht. Offensichtlich wartet sie auf meine Reaktion und so beginne ich ein Gespräch, was auch für mich selbst ungewöhnlich ist: „Wie hast du geschlafen?"

Es stellt sich heraus, dass wir etwas gemeinsam haben. Abends benötigen wir etwas zum Einschlafen, damit wir müde werden und am frühen Morgen brauchen wir genau das Gegenteil, um wieder wach zu werden. Dieser schwierige Gang am frühen Morgen scheint für Sabine, so will ich sie einmal nennen, erfolglos zu sein:

Eine andere Frau, die erst zwei Tage hier ist, drängelt

sich zwischen uns und fängt lauthals an zu erzählen. Ich habe das eigenartige Gefühl, sie möchte jetzt ihr ganzes Leben ausbreiten: „Heute morgen gehe ich zwei Stunden schwimmen und am Nachmittag vier Stunden wandern." Zu allem Übel fängt sie dann noch an zu singen.

Sabine stöhnt und ergreift die Flucht. Wieder ein Versuch gescheitert etwas Druck los zu werden. Anscheinend denken viele nur an sich selbst. Wer etwas zu schüchtern ist, wie Sabine, bleibt oft auf der Strecke. Die einen sind krank und werden dabei dick, die anderen magern ab, bis auf die Knochen. Die einen schwatzen ununterbrochen, die anderen kommen nie zu Wort.

Man kann es sehen wie man will, beide Extreme sind krank und führen am wahren Glück vorbei. Und so suchen viele Menschen nach diesem Glück.

Warum können sich die Menschen nicht ergänzen und gegenseitig helfen? Warum treffen sie sich nicht in der goldenen Mitte? Haben Sie eine Antwort darauf gefunden?

Heute gehört die Werkstatt mir. Außer meinen Tieren - Elefant, Bär, Brillenschlange und Kaiserpinguin - ist niemand anwesend. In dieser herrlichen Ruhe und Abgeschiedenheit kann ich mich so richtig entspannen, während meine Hände weiter modellieren.

Mein Selbstwertgefühl steigert sich mit jeder Linie, mit jeder Kontur die ich ziehe. Durch das Formen der

Figuren werden meine Augen geschärft. Sie versuchen jedes Detail der Vorlage zu erhaschen.

Die Hände führen aus, was die Augen an meinen Geist, die Zentrale des Denkens und kreativen Schaffens, weiterleiten. So wird der Körper eins mit dem Geist. Es entwickelt sich eine innere Harmonie. Ich bin nun in der Lage, auch das auszuführen, was ich mir in meinem Kopf ausgedacht habe.

Dieses Gefühl hatte ich schon bei der Vollendung meines Romans. Nun stelle ich fest, dass es noch vieles gibt, was ich fördern kann und auch fördern sollte. Es fasziniert mich immer wieder zu sehen, was der Mensch alles begreifen und erlernen kann. Selbst Menschen, die es versäumt haben in ihrer Kindheit genügend Wissen aufzunehmen, müssen nicht resignieren und aufgeben. Vieles lässt sich nachholen und steigern, wenn nur der Wunsch dazu vorhanden ist.

Uns Menschen stehen ungeahnte Möglichkeiten zur Verfügung, jeder sollte danach greifen und sie nutzen. Langsam geht auch der zweite Samstag zu Ende. Den Abend verbringe ich in einer geselligen Runde bei einem Glas Wein. Wir diskutieren über die Menschen und ihre Welt. Auch das muss einmal sein.

Diskussionen und Geselligkeiten beleben. Sie können das Gemüt aufheitern. Sie vertreiben mitunter die dunklen Wolken am Horizont. Es ist sicher gut tiefsinnige Gedanken zu haben, die uns neu entfachen. Profitieren werden wir von ihnen allerdings nur, wenn wir sie auch umsetzen können und dazu braucht es manchmal auch Anregungen von außen. Also: Diskutiere mal wieder!

Kontakte

Lerne aus dem Vergangenen. Ziehe eine Lehre aus dem gestrigen Tag. Nutze den Samstag! Gehe in die Stadt, suche dir ein Lokal aus und gehe souverän hindurch. Lass dich dort nieder wo es dir gefällt und schließe neue Kontakte mit Menschen mit denen man sich unterhalten kann. Das ist mein gesetztes Ziel für den Nachmittag.

Ich betrete ein gemütliches Café in der Kleinstadt. Am Wochenende ist es hier recht voll. Macht nichts, kein freier Tisch, doch ich suche ja Kontakt und brauche nur einen Stuhl dazu. Bei einem Pärchen stelle ich meine höfliche Frage: „Ist der Platz besetzt?" Diese Frage ist nur eine Floskel, so wie die nachfolgende Antwort.

Als ich schon fast sitze kommt die ernüchternde Antwort: „Hier ist alles besetzt. Unsere Freunde kommen gleich." Das haut einen fast um. Eine positive Einstellung wird unterdrückt durch nackte Tatsachen. Jetzt könnte ich einen neuen Versuch starten. Was aber, wenn der auch scheitert. Würde das nicht eher schaden als aufbauen? Ich verlasse das Lokal.

Auf der Straße begegne ich einer Gruppe aus der Klinik. Es erfolgt ein kurzes „Hallo." „Wir wollen in das untere Café", heißt es. Daraufhin sage ich ihnen das dort alles voll ist. „Na gut, dann gehen wir eben in unser Stammlokal, da bekommen wir immer ein paar Plätze." Die Gruppe macht kehrt und verlässt mich. Ich denke mir: „Es ist noch nicht zu spät. Du kannst dich ihnen anschließen. Während ich über das „für und wider" nachdenke entfernt sich die Gruppe aus meinem Blickwinkel. Doch ich weiß wohin sie wollen.

Gehe ich jetzt auch in dieses Lokal? Setze ich mich zu ihnen oder an den Nebentisch? Was ich auch mach, sie könnten es für aufdringlich halten. Niemals möchte ich mich jemanden aufdrängen. Das ist der Grund warum sich andere in geselliger Atmosphäre amüsieren und ich zu Hause sitze und Bücher schreibe. Diese Gedanken, neue geistige Errungenschaften, das sind meine Kontakte in eine Welt des Verstehens. Es wird nur Zeit sie auch mal umzusetzen. Es wird Zeit aus dem Schneckenhaus auszutreten. Ich bin kein Einsiedler!

Das junge Mädchen von nebenan, (den Lesern als Sabine bekannt) fragt mich nach dem Mittagessen, ob wir gemeinsam spazieren gehen wollen.

Ich habe das Gefühl, sie will etwas loswerden: Also willige ich ein. Nur sehr schwer kommt ein Gespräch zustande. Sie erzählt von zu Hause, von den Eltern und ihren Geschwistern. Aber alles auch nur bruchstückhaft und erst, nachdem ich danach gefragt habe. Offensichtlich sucht sie eine Vertrauensperson und weiß nicht so recht, ob ich diese Person bin. Sie hört aufmerksam zu, wenn ich von meiner Familie erzähle. Manchmal lächelt sie mich freundlich an. Jetzt möchte sie erzählen unterdrückt aber dann verlegen die Worte, die jetzt eigentlich heraussollten. Dann kommt doch noch ein Gespräch zustande.

Sehr verwundert bin ich, als sie mir von einem Traum erzählt, den sie in der letzten Nacht hatte. Sie war schwanger und die behandelnden Ärzte forderten sie auf, eine Abtreibung vorzunehmen. Dagegen wehrte sie sich entschieden. Indirekt gab sie mir zu verstehen, dass sie nicht allen Ärzten bedingungslos vertraut. Sie hat Probleme damit, sich völlig zu offenbaren.

Gleichaltrige Freunde hatte sie in dieser Klinik zwar gefunden, aber gleich wieder verloren. Offensichtlich konnten ihr die jungen Mitpatienten nicht den Halt geben, den sie so dringend benötigt. Eine engere Beziehung hat sie nur zu einer älteren Flurnachbarin. Diese Frau versteht es, freundlich auf sie einzugehen.

Es scheint mir, dass sie die ältere Generation der jüngeren vorzieht. Vielleicht wegen der schlechten Erfahrungen um Neid und Intrigen. Sabine sucht nach Geborgenheit, die sie noch nie hatte. Zu Hause arbeitet die 23-jährige in einer Behinderten-Werkstatt. Wer nicht mehr kann oder will, wird in eine geschlossene Psychiatrie gesteckt. Dort kann niemand mehr über sich selbst entscheiden. Auch das hat sie erlebt.

Vom Spaziergang kommen wir gerade noch trocken heim. Es fängt an zu regnen und hört nicht wieder auf. Diese nasskalte Regenstimmung schlägt sich auf die Gemüter einiger Patienten nieder. Sie sitzen gelangweilt herum und wissen nichts mit sich anzufangen.

Abendspaziergang

Erst am Abend klart es auf. Was am Mittag buchstäblich ins Wasser fiel könnte ich jetzt wiederholen. Der Boden ist noch feucht vom Gewitter. Gelegentlich tauchen große Pfützen auf um die ich einen Bogen mache. Im Wald tropft es von den Bäumen auf meinen Kopf und Rücken. Ich genieße die frische Luft in der Abendsonne.

Ein ordentliches Gewitter trübt die Stimmung. Menschen flüchten von den Straßen in die Häuser und suchen Schutz, Geborgenheit. Wolken ziehen sich am Himmel zusammen. Es wird dunkel, eine beängstigende Stimmung. Wenn es im Gebirge dann noch blitzt und donnert bricht jeder Wanderer seinen Gang ab und flüchtet in eine Schutzhütte.

Jetzt denke ich über die zwei letzten Tage nach. Vorsätze habe ich abgebrochen, weil ein Gewitter aufzog. Blitz und Donner sind meine Gegner die mir Angst machen. Blitz und Donner sind Menschen die ein übersteigertes Selbstwertgefühl haben und mich in eine rettende Schutzhütte treiben. In Gefahren ist es keine Schande Schutz zu suchen. Doch es ist entwürdigend und deprimierend ewig hier zu verharren.

Das Gewitter ist vorbei. Die Luft ist bereinigt. Die milde Sonne wärmt mich. Ich beschließe dorthin zu gehen wo alles begann. Dort wo ich ein Gespräch führen wollte das von anderen abgebrochen wurde.

Am Sonntagabend sind die einheimischen und auch die Kurgäste schon auf den Montag fixiert. Daher ist das Lokal fast leer und ich habe die große Auswahl. Für mich normalerweise die beste Situation überhaupt. Doch nun stelle ich mich einer neuen Herausforderung. Am runden Tisch sitzen einige aus der Klinik. Ich steuere auf diese Gruppe zu, wünsche ihnen einen guten Abend, und setze mich. Ich mache es so, wie es auch die anderen machen.

Erleichtert hole ich einmal tief Luft. Erst dann schaue ich um. Wer sitzt überhaupt alles hier. Zu meiner Überraschung ist meine Tischnachbarin vom Speisesaal anwesend und auch Sabine. Beide sind in ein Gespräch vertieft. Jutta, so will ich die andere einmal nennen, begrüßt mich freundlich und bezieht mich nun in das Gespräch mit ein. Ich werde nach meiner Meinung gefragt.

Der erste Schritt ist immer der schwerste. Sobald ich einmal Fuß gefasst habe beginne ich zu erzählen. Wenn es dann auch noch interessierte Zuhörer gibt, fühle ich mich wie ein Märchenerzähler aus „Tausend und einer Nacht." Das erzählen macht mir große Freude. Das ist nie das Problem gewesen. Das waren immer nur Menschen die ich nicht kenne. Nun bin ich dazu bereit sie kennenzulernen.

Gib ihnen eine Chance. Dann kommt sie auch zu mir zurück, die Chance aus der Einsamkeit zu entfliehen. In dieser Runde am Sonntagabend fühle ich mich wohl. Ist dieser Spruch, „Frechheit siegt", für mich zur Wahrheit geworden?

Die Kugel bewegt sich

Endlich! Nach fast zwei Wochen habe ich eine ausgezeichnete Nacht. Zum ersten Mal ganz durchgeschlafen, bis zum Wecken um 7.00 Uhr. Dieser Schlaf mobilisiert Kräfte, die ich unbedingt brauche. Kräfte, die meiner Familie zugutekommen, wenn ich wieder zu Hause bin.

Kinder sind das schönste Erbe dieser Welt. Sie sind weit mehr wert als Gut und Geld. Wird ein Kind geboren, wird seine Zeit schon verplant noch bevor es laufen kann. So viel Schönes möchte und sollte jeder seinen Kindern vermitteln. Doch dann stellt man plötzlich fest, dass viele Jahre vergangen sind. Nicht ein Bruchteil von dem, was man eigentlich vor so langer Zeit geplant hatte, wurde gemacht.

Kinder brauchen viel Zeit und Zuwendung. Gerade dann, wenn sie durch psychische Probleme in der Familie vorbelastet sind. Das Gespräch und die Freizeit gibt ihnen Kraft, erwachsen zu werden und ihr Leben zu meistern. Ich hoffe, dass sie es besser meistern können, wenn ich ihnen all meine Kraft schenke, die ich noch habe oder wiedererlangen werde. Jedes Lachen, dass sie uns im Austausch für die Zeit, die wir ihnen geben schenken, macht uns stark. Es ist nicht umsonst. Behüten wir unsere Kinder, mehr als einen kostbaren Schatz. Arbeiten wir daran, mehr Geduld zu üben. Erweisen wir uns als ein sicherer Hafen, wenn unsere Kinder in einen Sturm geraten. Dieser geschützte Hafen bewahrt sie hoffentlich vor den Erfahrungen mit einer psychosomatischen Freizeiteinrichtung.

Motivation von außen und innen hat mich wieder in Gang gesetzt. Die „Lebenskugel" rotiert wieder, weil ich will, dass sie rotiert. Ich will auch, dass andere davon profitieren. Freude am Leben kann man nur in der Gemeinschaft bewahren. In einer Gemeinschaft, in der wir uns wohl fühlen, in der sich Menschen helfen und gegenseitig ergänzen. Jeder Fortschritt eines anderen ist auch ein kleiner Fortschritt für sich selbst. Wenn ich jemanden helfen kann, damit sich in seinem Leben etwas bewegt, baue ich mich selbst auf.

Hin und wieder finden wir Menschen die achtlos weggeworfen werden. Sie sind wie eine kleine weiße Kugel am Wegesrand. Wer sie aufhebt und wieder ins Spiel bringt kann einen Gewinn nach Hause tragen. Die Einstellung eines geschäftstüchtigen Croupiers: „Nichts geht mehr", muss nicht stimmen. Alles geht, wenn wir es nur wollen.

Während ich in der nächsten Stunde erneut ein Eichenrindenbad genieße, denke ich nochmal über diese Zeilen nach: „Nichts geht mehr?!"

Nur mühselig und langsam erklimmt ein Bergsteiger

einen Berg. Doch wenn das Seil reißt oder er seinen Halt verliert, kommt plötzlich und unerwartet der Fall ins „Nichts."

Ich weiß nicht warum: Wie aus dem „Nichts", kommt gleich nach dem Bad diese akute Verschlechterung. Mein Wohlbefinden am frühen Morgen war die Ruhe vor dem Sturm. Plötzlich ist alles anders. Noch während ich an meinem Pinguin arbeitet, wird es mir auf dem Magen furchtbar übel. Diese Übelkeit wandert durch die Brust, über den Hals in den Kopf. Der Hinterkopf kribbelt, wie wenn er von tausenden von Ameisen befallen wird. Die rechte Gesichtshälfte ist wie gelähmt, taub.

In der Stirn, über den Augen, ziehen Krämpfe auf. Mein Blick trübt sich, ich sehe alles verschwommen. So beschließe ich zum zweiten Mal, das Ganze mit einer Schmerztablette zu lindern. Keine Verbesserung!

Im Schachspiel habe ich absolut keine Chance mehr. Ich mache die gröbsten Fehler, wie ein Anfänger. Die Kugel, die ich schon längst wieder im Spiel glaubte, ruht. Wie angewurzelt scheint sie mit einem der kleinen Fächer verbunden zu sein. Wie ein Stück ist sie sich selbst überlassen. „Rien ne vas plus", es geht wirklich nichts mehr.

Wie ist diese negative Veränderung nach zwei Wochen Kampf, nach einer doch wesentlichen Verbesserung überhaupt möglich? Ich habe das Gefühl, die Kugel wird

116

lange ruhen, bis sie wieder mobilisiert werden kann.

Ich weiß, ich werde es erneut schaffen. Wie lange aber wird es diesmal dauern? Ist es möglich, sich am eigenen Schopf zu packen und aus dem Sumpf zu ziehen wie einst der legendäre Baron von Münchhausen? Hieronymus Carl Friedrich Freiherr von Münchhausen war ein Lügenbaron.

Mit der Wahrheit leben

Viele Menschen leben mit einer Lüge. Sie erzählen Lügengeschichten. Manche machen das schon ihr Leben lang. Ein Analphabet, der Schwierigkeiten aus dem Weg gehen will, entwickelt sich regelrecht zu einem Meister der Lüge. Manche beherrschen dieses Spiel so gut das sie selbst anfangen daran zu glauben. Sie werden eins mit der Lüge. Ein wahrer Künstler beherrscht die Lüge bis zur Perfektion. Das mag für sie tatsächlich viele Vorteile bringen. Hier taucht allerdings ein Nachteil auf. Ein perfekter Lügner kennt die Wahrheit nicht mehr. Sie ist ihm fremd geworden weil die Lüge die Wahrheit ersetzt.

Schon in den Zehn Geboten heißt es: „Du sollst nicht lügen." Merkwürdig, während heute viele Menschen ihren Nächsten anlügen und das auch stillschweigend geduldet wird, ist es vor Gericht ganz anders. Mit der

Lüge kann ich jemanden entlasten oder auch beschuldigen, so richtig reinreiten. Wenn der Richter das duldet gäbe es hier keine Gerechtigkeit.

Gibt es für mich Gerechtigkeit, wenn ich die Lüge ablege und die Wahrheit rede? Ich habe keinen Menschen bewusst belogen. Niemanden habe ich hintergangen. Doch die Frage ist, bin ich immer ehrlich zu mir selbst? Baue ich mir eine Scheinwelt auf die es in Wirklichkeit gar nicht gibt?

Diese Überlegungen am heutigen Nachmittag stürzen mich in ein tiefes Loch. Ich sehne mich nach Harmonie und Ruhe. Bisher war ich der Ansicht, dass ich diese Harmonie zu Hause, in der Familie gefunden habe. Warum bin ich dann aber immer wieder beunruhigt? Weil unsere Familie aus vier Personen besteht.

Manchmal schotte ich mich wie ein Igel ab. Rolle mich zusammen und verteidige mich nach außen mit meinen spitzen Stacheln. Dabei kommt mir eine Überlegung: Wie verteidigt ein Igel seine Familie? In dieser Situation ist er hilflos. In der zusammengerollten Stellung wartet er ab bis die Gefahr vorbei ist. Ist das nicht feige gegenüber seiner Familie? Nun, es gibt Feinde gegen die er absolut nichts ausrichten kann. Doch bevor dieser Feind aufgetaucht ist hat er seinem Nachwuchs etwas beigebracht. Sich bei Gefahr zusammen zu rollen. Ihre Stacheln zu zeigen. Sich selbst zu verteidigen.

Auch in unserer Familie gibt es einen übermächtigen

Feind, die Magersucht. Diese Krankheit hat meine Frau sehr verändert. Eigentlich gehört sie in eine Klinik. Dagegen wehrt sie sich. Sie will ihre Familie nicht allein lassen. Nun zu sagen: „Es ist alles in Ordnung", verschafft uns keinen Frieden. Damit verhüllen wir die Wahrheit.

Wenn ich an Krebs erkranke kann und muss ich diese Krankheit bekämpfen. Wenn ein anderer aus der Familie daran erkrankt bin ich machtlos. Ich kann hier nur Mut zusprechen und ihn unterstützen. Doch kämpfen muss er selbst. Während dieser Zeit leidet allerdings nicht nur der Kranke. Die ganze Familie leidet, vor allem die Kinder.

Ich habe in meiner Harmoniesucht die Augen verschlossen. Mich zusammengerollt, in mein Schneckenhaus verzogen. Hier ist Ruhe, Frieden. Ein Scheinfriede. Außerhalb des Schneckenhauses tobt der Krieg. Habe ich meinen Kindern gezeigt wie sie sich schützen können? Können sie sich einigeln, wenn Gefahr droht?

Je tiefer ich in diese Gedanken einsteige, desto übler wird es mir. Mir ist furchtbar schlecht. Wie kann es mir hier gut gehen während meine Kinder zu Hause mit einer Krankheit zurechtkommen müssen die sie nicht kennen? Ich öffne meine Augen: Die Scheinwelt zerfließt. Dass was ich glaubte zu besitzen, ist nicht da. Es kann für mich keinen Frieden geben so lange meine Frau mit dem

Tod kämpft. Ich muss mit der Wahrheit leben.

Nach diesen Überlegungen bin ich bereit die Lüge abzulegen. Die Lüge einer harmonischen Scheinwelt. Nur die Wahrheit kann etwas verändern. Die Wahrheit befreit.

Heiß, wie ein Vulkan

Die Wirbelsäulengymnastik ist heute eine Qual. Was mir letzte Woche noch leicht fiel, bereitet mir jetzt wieder große Schwierigkeiten. Abgekämpft und verschwitzt komme ich zur Visite. Dieses alte Problem, tritt immer wieder in Erscheinung. Es soll jetzt radikal bekämpft werden.

Nun kommt das, was ich eigentlich immer vermeiden wollte: das Schießen mit Kanonen auf Spatzen. Viermal täglich erhalte ich nun ein Antidepressivum. Es soll den Kopf entkrampfen.

Werde ich der Herr meiner Sinne bleiben, wenn mein unermüdlich arbeitender Geist beruhigt wird? Werde ich letztendlich besser die Schmerzen oder das Abstellen auf einem toten Gleis ertragen können? Werde ich meine Gedanken noch niederschreiben können? Wird sich meine Kreativität verändern?

Gleich findet ein Vorgespräch zum kommenden Gruppengespräch statt. In meinem Kopf brodelt es, in wie in einem Vulkan. Hoffentlich bricht er bald aus, damit die Schlacke endlich herauskann. Es wird keinen Freudentanz bei den nächsten Angehörigen hinterlassen. Ich habe mir aber sagen lassen, dass Gebiete, die mit Lava überschüttet wurden, danach sehr fruchtbar sind.

Wenn Menschen sich auch noch so vor einem Ausbruch fürchten, genießen sie doch die Stille, die darauffolgen wird und das Wachstum, der danach entsteht.

Das Vorgespräch für die Gruppe verläuft kurz und schmerzlos. Der Therapeut, der das Gruppengespräch leiten wird, muss sich nun vergewissern, ob ich auch in diese Gruppe passe und das Schweigegelübde ablege.

Wenn sich zehn Menschen über ihre innersten Gedanken unterhalten, muss man sie nicht auch noch der gesamten Klinik mitteilen. Das wäre fatal. Die ersten Tabletten, die ich bis zum Abend einnehme, haben keine Wirkung. Meine Schmerzen bleiben unverändert gleich stark. Ich hoffe, dass ein tiefer Schlaf etwas Erleichterung bringen wird.

Kalte Füße

Zur Nachtruhe denke ich über beide Gespräche des Tages nach. Ein Antidepressivum soll mir nun Erleichterung verschaffen. Die ersten Tabletten habe ich bereits geschluckt. Das sie auch etwas Positives bewirken können, daran zweifle ich.

Zweifel können allerdings ersticken. Sie mögen einen eventuellen Fortschritt aufhalten. Vielleicht sollte ich doch offener sein. Kann ich etwas ablehnen was ich gar nicht kenne? Nun gut, ich werde es ausprobieren.

Auf wen werde ich morgen treffen? Werden es Frauen und Männer sein, die mir hier schon einmal begegnet sind? Vielleicht sind ein paar bekannte Gesichter dabei. Zunächst hoffe ich darauf. Dann denke ich, besser nicht. Neue Herausforderungen bringen neue Belastungen. Ich hätte mich auf dieses Gruppengespräch nicht einlassen sollen.

Mit verschiedenen Ärzten über mein Leiden zu sprechen ist inzwischen fast Routine geworden. Nun soll ich aber auch noch mit Laien darüber diskutieren. Was soll das? Menschen die sich begegnen stellen sich immer mit ihren besten Eigenschaften vor. Wir wollen gern vor anderen glänzen. Morgen soll ich meine Schwächen anderen preisgeben. Das innerste nach außen kehren. Wen geht das etwas an was ich denke und fühle? Am liebsten würde ich einen Rückzieher machen. Mit diesen wirren Gedanken und kalten Füßen schlafe ich ein.

Die erste Runde

Die Nacht ist vorbei. Der Schlaf hat tatsächlich etwas Erleichterung gebracht. Dennoch verspüre ich im ganzen Körper eine träge Übelkeit, die mich beherrscht.

In meinem Kopf scheint eine Schlechtwetterperiode angebrochen zu sein. Es ist diesig, neblig, nicht mehr so klar und frisch, wie die aufgehende Sonne am Horizont, die den Tag erhellt und die Nacht verbannt.

Seit gestern denke ich über den zweiten Brief meiner Frau nach, die tapfer alles erträgt, die Einsamkeit und Sehnsucht daheim, die Gedanken und Sorgen um mich. Sie erträgt alles, trotz ihrer schweren Krankheit. Sie beklagt sich nicht, weil sie hofft, dass es mir bald bessergeht. Doch jeder macht sich so seine Gedanken über den anderen. Gedanken darüber, wie man dem anderen helfen kann. Momentan finden wir keine konkrete Lösung, nur die Hoffnung, dass alles einmal zu Ende geht.

Gemeinsam tragen wir unsere Krankheiten, zum Wohle unserer Kinder, die noch ihr ganzes Leben vor sich haben. Diese Verantwortung tragen wir gern, obwohl es nicht immer leicht ist. In diesen Tagen denke ich viel an meine Frau die nur noch zwischen 37 und 38 kg auf die Waage bringt. Mit ihren 44 Jahren haben sich bereits viele lebenswichtige Organe auf einen Kampf um Leben und Tod einstellen müssen. Das Herz, die Leber, der Magen, die Bauchspeicheldrüse, um nur einige zu nennen, kämpfen ums Überleben.

Eine tüchtige und kluge Ehefrau zu haben, ist etwas ganz Besonderes. Sie verdient Ehre, Respekt und Anerkennung für all die harte Arbeit, die sie leistet. Die schlechten gesundheitlichen Umstände nagen an ihrer Kraft und an ihrem Leben. Sie nagen auch an den Nerven, an ihren und auch an den meinen. Sie nagen wie ein Biber an einem Baum, der Jahrzehnte lang allen Stürmen kraftvoll trotzte. Nun wartet er auf seinen Fall. Es ist nur eine Frage der Zeit, wann er fallen wird. So vieles nagt an uns, während die Zeit vergeht. Die Frage „Wie lange noch?" wird lebendig.

Wind und Wasser nagen am Felsen und höhlen ihn aus. Bizarre Formen entstehen. Die Erosion macht ihn schön, aber auch zerbrechlich und vergänglich. Das Leben schult uns, macht uns reif. Das lässt uns wachsen, macht uns aber auch müde, alt und klein. Ringen wir dem Leben das Gute ab. „Nehmen wir uns das Leben", auf das wir es noch lange besitzen.

Mit den Gedanken an meiner Frau und meinen beiden Kindern sowie an meine eigene Kindheit gehe ich in die erste Diskussionsrunde: Was ist mit den Menschen noch los? Eine Mitpatientin hat Angst, ihre Kontoauszüge zu lesen und leidet unter der Vorstellung, an allen Krankheiten ihrer Mutter schuldig zu sein. Zumindest redet ihr das ihre Mutter ein.

Eine andere Patientin wird von ihrem Ehemann schikaniert, unterdrückt, nicht für voll genommen. Nach einem missglückten Wochenende daheim, flieht sie zurück in die Klinik, ihrem „Freizeitpark der Geborgenheit". Obwohl sie für sich schon lange entschieden hat, sich von ihrem Mann zu trennen, plagt sie das Gewissen, die Eltern, die Verwandten. Sie weiß, so geht es nicht weiter. Ein völliger Kontaktabbruch oder Schlussstrich hat aber katastrophale Folgen.

Es folgt die Trennung, die Einsamkeit und das schlechte Gewissen, alles zerstört zu haben. Sie will ihr Glück, aber auch das der anderen. Die Therapeuten sind der Ansicht, dies ginge nicht. Sie sieht ganz traurig aus, weil nicht alles unter ihr Dach passt.

Eine dritte Patientin pflegt ihren kranken Vater aufopferungsvoll und wird selbst zur Patientin. Folgende Fragen tauchen auf: „Will der Vater überhaupt ihre Hilfe? Ist er in einem Pflegeheim besser aufgehoben?" Der 90-jährige fragt immer nach seiner Krankenschwester, die ihn waschen soll und auch den Po abputzen muss. So bleibt die Anonymität gewahrt. Sich so völlig entblößt vor seiner eigenen Tochter zu zeigen, scheint ihm zuwider, zumindest sieht es so die Gruppe. Beide opfern sich auf und gehen daran kaputt.

Ich selbst führe eine gute Ehe, habe keine kranken Eltern zu pflegen. Mir redet niemand eine Schuld ein und dennoch bin ich hier. Meine Krankheit ist schon alt, lange kämpfe ich schon dagegen an. Heute mache ich mir Sorgen. Sorgen um meine kranke Frau, die viel zu viel zu bewältigen hat und mit ihrem zu klein gewachsenen Herzen große Dinge vollbringt.

Sorgen mache ich mir natürlich auch um meine Kinder. Hoffentlich haben sie es einmal besser als ich und werden nicht so krank. Und nun heißt es hier: „Genießen Sie einmal die Ruhe, tun Sie etwas für sich." Es ist wahr: Geben ist mitunter anstrengend, aber es macht auch glücklich, es befreit. Für andere da zu sein, etwas Sinnvolles tun. Ich frage mich: „Ist es wirklich so verkehrt, sich für andere aufzuopfern? Alles für sie zu geben?" Ich denke, NEIN!

Die Liebe zu seinen Angehörigen und Freunden bewegt uns dazu, alles zu tun, was in unserer Macht steht, selbst, wenn wir dabei einmal den Kürzeren ziehen. Ich kann sagen, ich habe zumindest alles versucht und brauche kein schlechtes Gewissen wegen unterlassener Hilfeleistung zu haben. Ich glaube noch immer an die alten Bibelworte: „Es ist beglückender zu geben als zu empfangen."

Ich freue mich über ein herzhaftes Kinderlachen. Gerne schenke ich ihnen eine Stunde meiner Zeit, obwohl ich eigentlich müde bin und schlafen möchte.

Der Verstand sagt: „Jetzt denke einmal an dich, ruhe dich aus." Das Herz antwortet: „Es ist dein Kind. Nicht mehr lange, dann wird es groß sein."

Alles getan zu haben, selbst unter Aufopferung seines Lebens, gibt einem Kraft, weiter zu machen. Lohnt es sich nicht, für das Gute zu sterben? Wie viele Menschen sind den Weg des Todes gegangen um anderen zu helfen.

Die Geschichte ist voller Beispiele. Sollten sie alle gesagt haben: „Jetzt denke ich einmal nur an mich! Mit diesen Gedanken widerspreche ich den Therapeuten. Unsere Meinungen gehen hier weit auseinander.

Das Telefonat

Nach dem Mittagessen mache ich einen Gang in die Stadt. Mein Ziel ist diesmal kein Café. Ich bin auf der Suche nach einer Telefonzelle. Doch auf der breiten Hauptstraße und auch in den kleinen Nebengassen kann ich kein Telefonhäuschen entdecken. „Das gibt es doch gar nicht. Ein Ort ohne Telefonzelle!"

Als ich das zweite Mal am Buchladen vorbeikomme erinnere ich mich an ein Postzeichen. „Ja richtig, in diesem Ort gibt es eine kleine Post." Am ersten Tag, bei meiner Ankunft, sind wir an einer Post vorbeigefahren. Ich überlege mir wo das gewesen sein könnte, kann mich aber nicht mehr erinnern. Jetzt könnte ich das machen was viele Menschen in dieser Situation machen. Ich könnte einfach jemanden anhalten und nach dem Weg fragen. Ja, das ist richtig, ich könnte. Doch heute habe ich genug geredet. Manchmal bringe ich nicht mal mehr so eine einfache Frage nach dem Weg heraus.

Ja, wer nicht fragen will, der muss laufen. In dieser Situation ist es am besten dorthin zu gehen wo ich noch nicht war. Dabei erlebe ich zwar einige Fehlschläge aber irgendwann einmal findet jeder sein Ziel, auch wenn er öfters mal im Kreis läuft.

Endlich, die Post und davor tatsächlich eine Telefonzelle. Doch sie ist besetzt. Noch etwas Geduld. Ich laufe vor der Zelle hin und her. Die junge Frau in der Zelle sieht mich, ignoriert mich aber völlig. Sie zeigt mir buchstäblich ihre kalte Schulter. Ihre schrille Stimme dringt bis nach außen. Sie spricht über das Wetter, ihren letzten Einkauf und ihren schlechten Mann…

Dann sieht sie erneut auf mich. Vielleicht denkt sie, „noch so einer der nichts taugt." Sie rümpft ihre Nase, öffnet die Handtasche und sucht etwas. Sie stöhnt und flucht. Ich denke mir, „hoffentlich findet sie bald, dass was sie sucht, damit es hier mal ein Ende gibt". Sie findet es nicht und darüber bin ich jetzt froh, denn in der Zelle macht es klick. Ihr fehlt das nötige Kleingeld. Schnaubend verlässt sie die Zelle mustert mich noch einmal böse und zieht von dannen.

Na endlich kann ich meine Frau anrufen. Ich berichte ihr von dem heutigen Vormittag und von den ersten Gesprächen mit fremden Menschen die von ihren Problemen erzählten. Dabei kommt mir in den Sinn das auch meine Frau ein Problem hat. Das wissen ihre Eltern, das weiß ich, doch niemand spricht darüber. Sie selbst hat kein Problem. Warum über etwas reden was nicht da ist?

Sie macht sich nur Sorgen um andere. Sie sorgt sich um ihre Eltern, ihren Mann, den Kindern, Freunden und Bekannten. Immer wieder kommen Ängste auf die sie seit ihrer Kindheit plagen. Jetzt muss auch darüber einmal gesprochen werden. Was macht das für einen Sinn in der Gruppentherapie gute Ratschläge zu verteilen, wenn am Ende keine mehr für meine Frau übrigbleiben?

Aufgeregt hole ich noch einmal tief Luft. Dann fällt mein Blick auf den Münzspeicher. Die Zehner rattern nur so durch. Ich krame in den Hosentaschen nach Kleingeld, finde aber keine Münzen mehr. Dann macht es klick. Dass was gesagt werden musste blieb irgendwo zwischen Schwarzwald und Bodensee hängen. Wie so oft haben meine Gedanken ihr Ziel nicht erreicht.

Noch ein Gespräch, Gymnastik und Musik

„Ich habe gehört, Sie haben sich gleich gut in die Gruppe eingeführt", sagt meine Ärztin, nachdem sie von ihrem Kollegen Bericht erhalten hatte.

Von sieben Patienten hatten drei etwas zu sagen. Ich selbst kann nicht stumm bleiben, es käme mir unnormal vor. Reden ist dann doch wohl die bessere Alternative. Zwei in der Gruppe waren neu und dennoch sprechen die beiden Frauen mutig über ihre Probleme ohne übertriebene Scheu.

Wir wissen, jeder hat seine Probleme, sonst wäre er nicht hier. Warum darüber sprechen? Es wäre wohl etwas unfair, von anderen alles herauszulocken und selbst über sich zu schweigen. Wenn über andere gesprochen wird, sollte jeder daran denken, sie nicht zu verurteilen. Es ist nicht gut ein Feindbild aufzubauen. Wer immer anderen die Schuld für seine Probleme oder sein Versagen gibt, wird nie richtig glücklich.

Auf andere habe ich keinen oder nur sehr wenig Einfluss, wohl aber auf mich selbst. Fangen wir niemals an, andere zu hassen, weil wir meinen, dass wir gerade durch diese Person in eine bestimmte Situation geraten sind. Wir werden dieses Bild, das wir uns aufgebaut haben unser Leben lang nicht wieder los. Wenn diese

Person, beladen mit Ihrer Schuld, einmal stirbt, sind Sie wie betäubt, ohnmächtig, weil Sie es nie miteinander verarbeitet haben.

Nach einem kurzen Gespräch mit meiner Ärztin kommt das Thema auf die neuen Tabletten, die ich nun einnehme. Sie haben ihre Wirkung, ohne Zweifel. Können sie aber auch über eine längere Zeit eingenommen werden? „Nebenwirkungen sind selten und eine Gewichtszunahme wäre ein kleineres Übel, wenn Sie damit Ihre Schmerzen unterdrücken können", wird mir erklärt.

Die Ärztin gibt mir dazu ein Beispiel: „Ein Zuckerkranker muss sein Leben lang Insulin nehmen, nur so kann er arbeiten." Also werde auch ich mit dieser Medizin leben müssen, wenn ich arbeiten will. Nach Absetzung der Medikamente wird mein Leiden wieder beginnen.

Nach 17 Tage Klinikaufenthalt habe ich immer noch starke Kopfschmerzen. Diese Schmerzen könnte ich auch ohne Medikamente ertragen, ganz im Gegenteil zu den unerträglichen Krämpfen. Doch das taube Gefühl ist noch vorhanden, aber es soll wahrscheinlich vergehen. Wie lange noch?

Mit weniger Schmerzen Gymnastik zu betreiben, ist doch angenehmer. Meine Knochen, Sehnen und Nerven erholen sich etwas. Auf die Anstrengung am Vormittag, folgt am Nachmittag Musik hören in Ruhestellung.

Langsam wirkt es und entspannt. All diese Kleinigkeiten sollen dazu beitragen, dass die Tabletten auch ihre Wirkung entfalten.

Gedanken zur Familie

Morgen kommt meine Familie zu Besuch. Daher überlege ich mir schon heute was wir alles gemeinsam machen können. Vielleicht einen Spaziergang in die Stadt. Gemeinsam ein Eis essen. Bei diesen Überlegungen kommt mir in den Sinn das unser Leben nicht nur aus Vergnügungen besteht.

Der Ernst des Lebens holt uns immer wieder ein. Die Kinder in der Schule, den Vater am Arbeitsplatz und die Mutter im Haushalt. Kinder wachsen schnell heran, sie bleiben nicht klein und das ist auch gut so.

Die Erfahrungen, die sie jetzt sammeln, werden ihr ganzes Leben prägen. In den Teenagerjahren und während der Pubertät gibt es oftmals Konflikte. Diese müssen ausgetragen und erduldet werden.

Zwei Kinder, ein Junge und ein Mädchen, die gleiche Mutter, den gleichen Vater und dennoch sehr unterschiedlich. Vier Jahre auseinander. Ihre Gemeinsamkeit: Sie wurden beide exakt zur gleichen Uhrzeit geboren, 13,03 Uhr.

Die Kinder genießen ihre Jugend, ihre Freunde und

ihre Freiheit, die wir entsprechend ihrem Alter angepasst haben. Manchmal aber nahm sich der Junge die Freiheiten selbst heraus, während das Mädchen lieber stundenlang mit der Mutter diskutierte.

Sie begann sich für ihre Mutter verantwortlich zu fühlen. Sie erkannte ihre schwere Krankheit und begann nun diese Last auf ihren Schultern zu tragen. Ein lebenslustiges, junges, hübsches Mädchen, sollte sich mit ganz anderen Dingen beschäftigen, als mit dem Thema „Magersucht". Hier zeichnete sich eine Wiederholung ab. In ihrem Wissendrang stellte sie Fragen, gute und schöne Fragen, doch sie begann auch unbequeme Fragen zu stellen. Sie fragte ihre Großeltern, was mit ihrer Mutter in der Kindheit passierte?

Es war ein schönes zu Hause, idyllisch, harmonisch, liebevoll. Doch woher kommen Ängste. Die Angst, jemanden zu verlieren. Angst, wenn Mutter und Vater aus dem Haus gehen. Schon in der Jugend traten Essstörungen auf. Eine kleines Kind, muss kein Schwergewicht sein. Wenn aber ein junges Mädchen Spritzen in die Stirn bekommt, um Kopfschmerzen einzugrenzen, ist dies schon sehr bedenklich. Wenn sich diese Person nach dem Essen dann auch noch laufend übergibt, sollte dies unbedingt behandelt werden. Dieser Verantwortung sind die Großeltern natürlich auch nachgekommen: ihre Tochter bekam ja die Spritzen.

Nun, viele Jahre später, fragt ein kleines Mädchen

nach dem Grund für die Essstörung. Doch anstatt gemeinsam nach einer Ursache zu suchen, wird das beginnende Gespräch, schon im Keim erstickt. Dieses Mädchen stellt jetzt immer wieder nervige Fragen an Bekannte und Freunde. Ihr wird gesagt: „Du hast eine gute Mutter. Sie ist für dich und deinen Bruder da. Für deinem Papa und ihre Freunde und du stellst immer nur die gleichen Fragen". Eigentlich hatte dieser Satz das Problem genau auf den Punkt gebracht, ohne das aber die verheerende Auswirkung erkannt wurde. Meine Frau war für alle da, nur nicht für sich selbst.

Diese Aufgabe übernahm die Tochter. Hier wurde niemals der Versuch unternommen, die Mutter schlecht zu machen, ganz im Gegenteil. Aus Liebe muss doch der kranken Mutter geholfen werden. So lädt sich ein Mädchen Dinge auf, dessen Last es auf Dauer nicht tragen kann.

Die frühen Ängste der Mutter, übertragen sich jetzt auf die Kinder. Sie werden gut behütet, vor Gefahren beschützt. Dies ist die Aufgabe der Eltern. Was aber, wenn es extrem übertrieben wird? Wenn jeder ihrer Schritte überwacht wird. Hoffentlich kommen sie wieder heil aus der Schule. Wenn es mal etwas später wird: Ich muss nachsehen was da los ist.

Diese Ängste einer magersüchtigen Frau projizierten sich zunächst nur auf mich. Habe ich einmal gehustet, wurde mir gleich Hustensaft gebracht. Hatte ich

Kopfschmerzen oder eine Magenverstimmung bekam ich Medizin. Bei einem jung verheirateten Paar erklärt sich diese Fürsorge mit der großen Liebe, die beide füreinander empfinden.

Wenn aber der Mann nach der Arbeit nach Hause hetzen muss, damit sich seine Ehefrau nicht sorgt, dann schränkt das gewisse Freiheiten ein. Es entsteht eine Situation, die für beide unerträglich werden kann. Ich habe viel geschluckt, buchstäblich und symbolisch. Was für ein Pantoffelheld! Auch ich hatte eine Sucht zu verarbeiten, mit der ich jahrelang bequem leben konnte: meine Harmoniesucht.

Zu Hause wollte ich unter allen Umständen Frieden. Da meine Frau jedoch krankhaft um mich besorgt war, wollte sie bei jedem Anzeichen eines Unwohlseins gleich für mich in die Bresche springen. Lehnte ich ihre Hilfe einmal ab, gab es gleich heftige Diskussionen. Noch lange kein Streit, nur heftige Wortgefechte. Für einen Harmoniesüchtigen schon eine große Herausforderung. Aus einer Diskussion kann schnell ein Streit entfachen. Um diesen zu umgehen schluckte ich die bittere Medizin. Frauchen war zufrieden, der Hausfrieden war gesichert und ich in meiner Bewegungsfreiheit etwas eingeschränkt. Die Liebe erduldet viel. So sagte ich mir: Ich habe eine gute, liebevolle Frau die sich um alle sorgt. So ein paar Nebensächlichkeiten kann ich gut wegstecken. Dies funktionierte tatsächlich.

Jahre später kam die Entlastung für mich. Die Fürsorge meiner Frau wurde auf die Kinder übertragen. Nun gut, solange sie im Säuglingsalter sind, können wir Babys herumtragen, behüten, füttern, anziehen, aufs Töpfchen setzen. Doch Kinder werden auch älter. Mit zunehmendem Alter brauchen sie auch Freiheiten. Während der Sohn ein Experiment startete und sie sich einfach nahm, war unsere Tochter der Vogel im goldenen Käfig. In einem zu kleinen Käfig, kann kein Vogel fliegen. So verliefen die zweiten sieben Jahre.

Mir fiel auf: Auf der Suche nach Harmonie und Frieden habe ich etwas versäumt. Die Kürzung meiner Freiheit, nahm ich großzügig hin. Im Prinzip macht das ja jeder, der heiratet. Wenn zwei Menschen zusammenleben, muss man mitunter auch mal auf etwas verzichten können. Es ist aber sehr entscheidend, ob wir gewisse Freiheiten freiwillig, aus Rücksicht und aus Liebe aufgeben oder ob sie uns von anderen Stück für Stück genommen werden, auch wenn es nicht in böser Absicht geschieht.

So habe ich, Fehler gemacht. Obwohl der eigentliche Beweggrund meiner Frau ein Guter war, hat sich diese Situation später als gefährlich erwiesen. Manches ist am Anfang leider nicht ersichtlich.

Ich stelle mir vor, ich lebe in einer großen Villa. Dort geht es mir gut und ich werde mit allem Notwendigen versorgt. Das geschieht nicht nur aus Pflichtgefühl. Ich spüre, ich werde geliebt. Wie dankbar nehmen wir dieses Geschenk doch an.

Nun geschieht Folgendes: Ein Fenster meines Hauses wird zugemauert. Nun gut, egal. Eine kleine Beeinträchtigung, schließlich gibt es ja noch andere Fenster. Deswegen lege ich mich doch nicht mit dem Hausbesitzer an, der so viel Gutes für mich getan hat. Nach einiger Zeit aber wird ein zweites Fenster zugemauert, dann ein drittes. Natürlich werde ich jetzt etwas unruhig, vielleicht auch ein wenig ungehalten.

Dann fällt mir ein, dass im zweiten Stock ja auch noch Fenster sind und die Aussicht dort ohnehin immer besser war. Nach und nach werden aber auch diese Fenster verschlossen. Nun sitze ich völlig im Dunkeln. Ich bin erbost, will protestieren, zum Vermieter gehen und dem Ganzen ein Ende setzen. Inzwischen ist auch die Tür vernagelt. Meine schöne Freiheit hat ein schleichendes Ende genommen.

Hätte mein liebevoller Vermieter gleich zu Anfang alles dichtgemacht, wären ich sofort mit Protest aus dem Haus gestürmt. So etwas lässt sich niemand gefallen!

Es war mein Fehler, dass ich die Anzeichen einer Freiheitsberaubung nicht gleich erkannte. Wenn ich es für mich selbst hinnehme dann ist das eine Sache, doch als Vater bin ich verantwortlich für die Kinder. Arbeiten, Geld verdienen, die Freizeit richtig planen, all diese

Dinge sind notwendig. Das wichtigste ist jedoch die Zeit, die wir für unsere Kinder aufbringen. Diese Aufgabe haben wir auch so gut wie möglich erfüllt.

In unserem Wohnort am Bodensee wurden wir als Kleeblatt bezeichnet, weil wir immer alles gemeinsam unternommen haben. Tatsächlich haben wir viel Zeit miteinander verbracht. Für die Psyche des Menschen und für sein Selbstwertgefühl ist es aber erforderlich, auch auf eigenen Beinen zu stehen. Sozusagen einen Alleinflug zu unternehmen. Doch das Flugzeug könnte abstürzen und daher haben unsere Kinder das Fliegen zunächst nicht erlernt.

Inzwischen bin ich im „Freizeitpark der Psyche" gelandet. Nun musste das schwache Geschlecht meiner Frau stark werden. Und ich, der Harmoniesüchtige muss erkennen, dass eine dringende Veränderung notwendig wird.

Ein wesentliches Merkmal für diese Veränderung ist zunächst die Selbsterkenntnis. Anderen wollte ich immer gern helfen. Hatte für jeden ein hörendes Ohr und einen guten Rat, der nicht nur theoretisch, sondern auch in der Praxis funktioniert. Jetzt brauche ich einen Tipp, der auch bei mir selbst funktioniert. Jetzt erkenne ich, das Liebe auch das Wort „Nein" kennt. Es ist geradewegs lieblos, zu allem „Ja" zu sagen und dann zusehen zu müssen, wie der Partner ins Unheil rennt.

Die geplanten sechs Wochen Klinikaufenthalt sind für

meine Frau die schwersten Wochen ihres Lebens, wie sie selbst sagt. Dafür habe ich Verständnis. Mir ist klargeworden, dass diese liebevolle Frau die Fenster nicht aus Böswilligkeit zuschlägt. Nein, es war lediglich ein verkehrter Schutzinstinkt. Dafür kann und will ich ihr nicht böse sein.

Nun ist es aber an der Zeit die Fenster wieder zu öffnen. Die Kinder brauchen ihre Freiräume. Sie sind noch im Wachstum und in einem Lernprozess. Wenn sie jetzt weiterhin falsche Sichtweisen entwickeln, wird dies verheerende Folgen haben. Es wird nicht leicht sein, die zugemauerten Fenster aufzureißen.

Wer sehen möchte, braucht Licht. Logisch! Nun sitze ich aber schon eine ganze Weile im Dunkeln. Ich stelle mir vor plötzlich wird ein Fenster aufgerissen. Eigentlich sollte ich jetzt wieder sehen können, doch leider wird das nicht der Fall sein. Zunächst werde ich geblendet. Das Licht schadet den Augen, sie schmerzen und gewöhnen sich nur sehr langsam an die neue Helligkeit. Mir wird bewusst, dass ich die Freiheit für mich und meine Kinder nur langsam gewinnen kann.

Es gibt viele Dinge, die unsere Kinder betreffen. Oft wird hier ein entscheidender Fehler gemacht: In vielen Fällen spricht man über sie, doch nicht mit ihnen. Wenn es um das Problem eines Kindes geht, muss es seinem Alter entsprechend auch Mitspracherecht haben. Wenn nun aber die Situation entsteht, dass es an Bord eines

Schiffes zwei Kapitäne gibt, mag es auch zum Vorteil sein, falls einer mal ausfällt.

Wenn beide das Schiff in die gleiche Richtung steuern wollen, gibt es ja auch keine Probleme. Warum sollte ich einen Kapitän neben mir, der sich um die Besatzung sorgt, nicht mitentscheiden lassen. Gibt es jedoch unterschiedliche Meinungen, können Probleme entstehen.

Sie können nicht gleichzeitig in zwei Richtungen fahren. Einer muss die Entscheidung treffen, zum Wohle der Besatzung. Selbst wenn diese Entscheidung falsch sein sollte, was durchaus vorkommen kann, muss sie getroffen werden. Hört sich etwas extrem an oder? Es geht hier nicht um eine Entscheidung, die grundsätzlich schädlich ist. Wenn Schaden absehbar ist, wäre es töricht, diese Entscheidung zu treffen.

Es kann durchaus sein, dass ich gegen den Wunsch meiner Frau der Tochter etwas erlaube. Nun kommt es unterwegs zu einem Unfall, der nicht vorhersehbar ist. Freiheiten haben tatsächlich auch Risiken. Was muss sich der Kapitän nun alles anhören?

An die Freiheit muss sich jeder erst gewöhnen. Derjenige der sie gewährt muss es erst erlernen. Freiheiten die nach und nach genommen werden lassen sich auch nur schrittweise rückgängig machen. Es gibt noch viele Fenster zum Öffnen. Beide Seiten werden sich an das Licht gewöhnen müssen. Wenn dieser

Lernprozess abgeschlossen ist wird das Licht für alle Parteien wieder als das empfunden was es ursprünglich auch war, als etwas Positives.

Der Vogel im goldenen Käfig kann in die Freiheit fliegen. Der Vogel im Käfig mag in der Gefangenschaft viele Jahre alt werden. Wenn er frei gelassen wird mag ihn nach einigen Jahren eine Katze holen. Wäre er besser im Käfig geblieben? Die Mutter sagt „Ja". Der Vogel sagt: „Ich hatte meine Freiheit. Ich habe selbst entschieden. Ich lebe, ich habe mir das Leben genommen".

Ich denke dabei an den Satz des Professors: „Nehmen Sie sich das Leben". Hier ist nicht von Selbstmord die Rede, sondern von Freude, das Leben genießbar machen.

Tag 18

Familienbesuch

Endlich, der erste Besuch von zu Hause. Ein guter Freund bringt meine Frau und meine beiden Kinder zu mir in den Freizeitpark. Die Kinder sind begeistert von den schönen Tonarbeiten und würden am liebsten gleich selbst anfangen, einiges aus Ton herzustellen.

Die wenigen gemeinsamen Stunden, die wir haben, vergehen sehr schnell. Der Abend kommt und so heißt es schon wieder Abschied nehmen. Dennoch war es eine große Freude, sich nach drei langen Wochen wieder zu sehen. Jetzt ist fast Halbzeit. Wir alle warten mit großer Ungeduld auf das Ende des Klinikaufenthalts.

Was tagsüber so alles gelaufen ist, bewahre ich in meinem Herzen auf. Es gibt Gedanken und Gefühle, die wir ohnehin nicht mehr vergessen und die auch sehr privat sind.

Wer ist Jimmy? Teil 1

In dieser Nacht träume ich von Jimmy. Er ist ein Engländer, der in der britischen Armee die tollsten Sachen anstellt. In kürzester Zeit erlebt er acht Klinikaufenthalte. In der letzten Klinik wird sein Kopf verdrahtet. Alles, was Jimmy träumt, wird in Wort und

Bild aufgezeichnet, wie ein Kinofilm:

Jimmy ist irgendwo im Ostblock, gerät an einen falschen Freund. Sie machen eine Spritztour mit dem Auto. Was Jimmy nicht weiß, das Auto ist gestohlen und wird sein ganzes Leben verändern.

In einer Wirtschaft treffen die beiden auf zwei weitere Freunde, die zu einer erneuten Fahrt mit dem geklauten Wagen auffordern. Gutmütig und betrunken erkennt Jimmy erst die Gefahr als es zu spät ist. Vom Lärm belästigt, beschwert sich in der Nacht ein alter Mann, der mit seinem Handy die Polizei rufen will. Jimmy eilt herbei und entreißt dem Alten sein Handy. Dabei bekommt der Mann einen Hieb in den Magen und stürzt zu Boden. Jimmy denkt daran zu fliehen, doch zunächst will er erst noch die Fingerabdrücke vom fremden Mobiltelefon beseitigen.

Während sein Kumpel den alten Mann in eine abgelegene Hütte eines Gartenvereins trägt, eilt eine hysterische Frau herbei, die alles überschreit. Jimmy hält ihr vor Angst den Mund zu. Seine Kumpels kommen zurück und melden, der Mann ist tot. Erstarrt vor Schreck lässt Jimmy die Frau laufen.

Bevor die anderen merken, was geschehen ist, hören sie schon Polizeisirenen. Die vier sind auf der Flucht. Doch sie werden gestellt.

Jimmy sehnt sich nach Kameradschaft, Zuneigung, Liebe, doch er gerät an die falschen Freunde. Als er bemerkt was geschieht ist er in einer ausweglosen Situation, Gefangener seiner eigenen Persönlichkeit.

Schuldgefühle überkommen ihm, bedingt durch viele Fehler der letzten Jahre. Jimmy versucht, vor dieser Schuld zu fliehen, die falschen Freunde hinter sich zu lassen Doch es ist zu spät. Er wird Gefangener von sich selbst. Der Gefangene steckt in ihm. Der Wächter, der ihn nicht loslässt, ist ebenfalls er selbst. Es geht ihm schlecht, erbärmlich. Doch er kann sich von dieser Schuld nicht befreien.

Quälen wir uns manchmal mit Dingen herum die weit in der Vergangenheit liegen? Psychologen waren vor einigen Jahren der Meinung man müsse Altlasten aufarbeiten, in sich gehen, mit betroffenen Menschen sprechen. Das haben einige ihrer Patienten getan. Nach aufgewühlten Tagen sind sie in ein tiefes Loch gefallen. Danach sind viele Psychologen davon abgekommen ihre Patienten in die aufrüttelnde Vergangenheit zu schicken.

Wird unser gegenwärtiges Leben nur besser, wenn wir uns ständig mit der Vergangenheit auseinandersetzen? Besser kann es nur sein, wenn ich mit mir selbst ins Reine komme. Solange dies nicht der Fall ist, gibt es keine Verbesserung. Ist es gesund, eine Wunde immer wieder aufzukratzen, weil ich den Schorf nicht mag. Er sieht so hässlich aus, er juckt! Lassen wir der Zeit eine Chance. Der Schorf fällt ab, sobald der Heilungsprozess beginnt.

Große Geheimnisse

An diesem merkwürdigen Tag werde ich von einem Mitpatienten angesprochen. Er hat einiges auf dem Herzen, was er unbedingt loswerden möchte. Offensichtlich bin ich für ihn eine Person des Vertrauens.

Mein Gesprächspartner bittet mich, über alles Gesagte zu schweigen und mit niemanden darüber zu sprechen, auch mit meiner Frau nicht. Daher werde ich unser Gespräch weder aufschreiben noch kommentieren. Es bleibt ein Gespräch des Herzens. Hier bewahre ich es auf und erweise mich damit weiterhin als eine Vertrauensperson.

Es entwickelt sich eine gute Freundschaft zwischen uns. Viele Stunden haben wir an diesem Tag diskutiert, Meinungen und Ratschläge ausgetauscht. Dabei wollen wir es dann auch belassen.

Wer ist Jimmy? Teil 2

In einer weiteren Nacht geht mein Albtraum von Jimmy weiter. Es ist wie eine Fortsetzung, die mich nicht mehr loslässt und immer mysteriöser wird: Jimmy wird verurteilt, kommt jahrelang ins Gefängnis.

Dort beherrschen Jugendliche das Milieu. Es kommt zum Aufstand und Jimmy gerät wieder in eine Sache hinein, die er nicht wollte. Irgendwoher kommen Waffen. Es folgt eine Schießerei im Gefängnistrakt. Die Gefangenen nehmen sich drei Geisel, zwei Männer und eine Frau. Die Gefangenen drohen mit der Erschießung der Geiseln. Jimmy stellt sich zwischen ihnen und rettet somit das Leben der drei Menschen. Jimmy und seine Freunde können mit der weiblichen Geisel fliehen.

Erkenntnisse

Jimmy ist verzweifelt, er verstrickt sich in immer größere Fehler. Doch er sieht auch Grenzen. Das Leben ist heilig und er kann es nicht opfern. Nicht seines und auch nicht das der Geisel.

In seiner großen Verzweiflung scheint doch noch nicht alles verloren. Die erneute Flucht, mit einer Gefängniswärterin bringt neue Gefahren. Die drei Freunde, als Symbol für das Böse, sind in der Übermacht. Das Gute, repräsentiert durch die Gefängniswärterin, ist in der Minderheit. Doch es ergibt sich eine Chance aus dem Hexenkessel heraus zu kommen.

Noch keine Verbesserungen

Trotz oder wahrscheinlich gerade wegen der neuen Tabletten, bin ich sehr abwesend. Laufend bin ich müde und kann mich auf nichts konzentrieren. Das Töpfern und das Schreiben fallen mir immer schwerer, es geht fast nichts mehr.

Außer der viermaligen Tablettenausgabe und dem zweimaligen Blutdruck messen, geschieht an diesem Tag nichts Wesentliches.

Es sei nur kurz erwähnt, dass die abendlichen Telefonate mit meiner Frau Sorgen enthüllen, die seit dem letzten Sonntag entstanden sind.

Meiner Frau und einigen Außenstehenden ist aufgefallen, dass ich mich in den letzten Tagen sehr verändert habe. Ich bin sehr zurückhaltend und schweigsam geworden. Regelrecht apathisch. Meine Umwelt nehme ich nicht mehr wahr. Während mich mein Geist fast drei Wochen wach hielt und mir nur wenig Schlaf gönnte, ist er nun in eine bedrückende Ruhestellung versetzt. Eine unheimliche Ruhe, die mich lautlos einhüllt, wie ein dicker schwerer Nebel.

Diese Zeilen trage ich nach fast drei Monaten nach. Damals konnte ich nur stichwortartig meine Gedanken auf Papier kritzeln. Gefühle und Empfindungen, die ich mir heute mit klarem Geist wieder in Erinnerung rufe. Das kreative Denken und Handeln, gewissermaßen mein Lebenselixier, war etwa ab dem 20. Tag tot. Es stellte sich eine absolute Gleichgültigkeit ein. Es konnte mich nichts mehr begeistern. Von Mitpatienten vernahm ich nur noch halblaute Worte, wie: „Was ist mit Dir los? Du hast Dich total verändert."

Außenstehende sahen eine Veränderung, die ich selbst nicht mehr wahrnahm. Inzwischen ist mir alles egal. Meine Schmerzen habe ich unter Kontrolle, aber für welchen Preis? Ich bin nicht mehr ich selbst. Mein Blick ist getrübt. Meine Augen treten aus ihren Höhlen heraus, als wollten sie wortlos gegen das Neue protestieren, aber meine Zunge, mein Verstand, sind wie gelähmt.

Da ich mich nicht mehr an Gesprächen beteilige oder nur sehr zaghaft, ziehe ich mich zurück. Nur noch schlafen, nichts mehr tun. Spaziergänge in die Stadt bleiben ergebnislos. Eigentlich sollte ich einige Besorgungen machen, doch ich wage mich nicht mehr in die Geschäfte. Nochmals laufe ich durch den kleinen Ort. An den Lebensmittelgeschäften gehe ich vorbei. Heute schaffe ich es noch nicht einmal meinen Saft zu kaufen.

Resigniert, völlig erschöpft und Schweißgebadet, trete ich meinen Heimweg an. Zittern und Übelkeit überfällt mich. Im Vergleich zu früher kaum noch Schmerzen und dennoch völlig kaputt, am Boden zerstört. Meine Ziele und Pläne für die Zukunft liegen tief vergraben, verschüttet, eingeäschert.

Der Vulkanausbruch, den ich erwartet habe, der mich erneut befruchten sollte, hat sich nun gegen mich gerichtet. So kann ich nicht länger leben, in Schutt und Asche. Ich brauche einen sprühenden, lebendigen Geist. Daher beschließe ich für mich eine weitreichende Entscheidung.

Lieber Schmerzen aushalten und Krämpfe erdulden. Ich will nicht länger wie betäubt dahinvegetieren ohne Wahrnehmungen von außen. Leben ist etwas Anderes. Schmerzen sind eine Schutzvorrichtung des Körpers. Sie signalisieren uns Fehlfunktionen, die eine Ursache haben. Sie zeigen uns, dass unser Körper lebt.

Betäuben oder unterdrücken wir unsere Schmerzen und haben dabei Erfolg, bedeutet es noch lange nicht, dass wir das eigentliche Problem beseitigt haben. Im Gegenteil. Die Fehlfunktionen nehmen größere Ausmaße an, nur nehmen wir sie nicht mehr so deutlich wahr. Wir verdrängen sie nur, stellen sie aber nicht ab.

Inwieweit kann ich meine Depressionen abstellen? Ein über Jahrzehnte erduldetes Leiden lässt sich nicht einfach von heute auf morgen ausschalten. Zugegeben, ich kann meine Nerven betäuben, aber damit schalte ich auch alles andere aus. Wer das Licht ausknipst, muss sich nicht wundern, wenn er im dunklen sitzt.

Ich liebe das Licht, den hellen Tag, die klare Sonne,

wenn sie mich auch blendet und meinen Augen durch direkte Bestrahlung weh tut. Doch ich würde niemals auf die Idee kommen, sie auszulöschen, selbst wenn ich die Macht dazu hätte. Gut, das sie niemand hat.

Im Safaripark für die Psyche kann sich jeder nehmen, was er zum Leben braucht, was er benötigt um sein Leiden zu reduzieren. Wer meint, er könne hier ein Allheilmittel finden, wird bald sehr enttäuscht sein. Bleiben wir in der Realität, kämpfen wir um unseren Verstand. Ich nehme mir nun vor wach zu bleiben, egal welche Konsequenzen dies für mir auch immer haben mag. Nun habe ich meine eigene Lebensphilosophie gefunden.

Wer ist Jimmy? Teil 3

A uf der Flucht treffen die Freunde auf die hysterische Frau, die, die damals die Polizei rief. Jimmy erkannte durch das jahrelang gesuchte Gespräch, dass er kein Mörder ist. Sein Freund tötete diesen alten unschuldigen Mann.

Es war nicht Jimmy, wie er jahrelang glaubte. Nun töten die falschen Freunde auch noch die Frau. Sie war es, die den Alten noch hörte, den Jimmy zu Boden warf, als er von den falschen Freunden getötet wurde. Jetzt, nachdem Jimmy alles weiß, ist auch sein Leben gefährdet und das der Geisel. Doch gerade diese Geisel entreißt dem Anführer seine Pistole und erschießt in Notwehr die Freunde des Jimmy, die nie Freunde waren.

Erkenntnisse

Jimmy erkennt, dass er Fehler gemacht hat und quält sich jahrelang damit herum. Immer wieder auf der Flucht, gefangen und wieder auf der Flucht. Doch die falschen Freunde, die Bösen, waren schuld an Jimmys Leiden.

Weil er das Gute schützt und hochhielt, beschützt ihn nun das Gute. Die Frau wurde getötet weil sie die Wahrheit sagte. Manchmal töten wir unser Gewissen, das uns zum Schutz anklagt. Obwohl die Bösen in der Überzahl waren, konnte sich Jimmy nach langer Zeit durch das Gute, von dem Bösen befreien. Jimmy fühlt sich nun durch das Leben begnadigt und übergibt sich selbst dem größten Richter des Himmels und der Erde.

Meine liebe Frau, meine lieben Kinder, ich selbst bin Jimmy. Nein, ich war Jimmy. Ein Ende kann auch ein neuer Anfang sein.

Bernd, der sich beim letzten Mal viel ins Gespräch eingebracht hat, verspürt nun keine Lust mehr zu reden. Offensichtlich war er durch das letzte lange Gespräch überfordert. Jetzt schweigt er sich aus.

Einige Patienten nehmen Veränderungen vor, sie stellen sich ihren Problemen. Für mich ergibt sich die Frage: „Wie ist das möglich? Kann ich in einer schwierigen Lage mein Problem einfach abschalten? Kann ich es ignorieren?"

Diese Fragen verunsichern die Gruppe. Der Therapeut unterbricht: „Kommen Sie auf den Punkt".

Nun berichte ich ausführlich von dem Herzleiden meiner Frau, von ihrer über Jahre andauernden Magersucht. Natürlich mache ich mir darüber Sorgen. Wer seine Frau liebt, lässt sich nicht einfach scheiden, um ein Problem zu beseitigen. Man muss auch mal Opfer bringen, selbst wenn man einmal den Kürzeren ziehen sollte. So geht es meiner Frau doch auch. Sie nimmt Rücksicht auf mich und mein Leiden, sie bringt dadurch ein Opfer.

Eine Mitpatientin unterbricht mich: „Ich habe Sie und Ihre Familie am letzten Wochenende beobachtet. Sie

haben sich wirklich alle herzlich verabschiedet. Da
kamen sehr starke Gefühle herüber. Man sieht gleich,
dass Sie zusammengehören". Ich bedanke mich für
dieses ehrliche Kompliment und werfe eine Frage in den
Raum: „Kann irgendjemand von Ihnen seinen Willen
durchsetzen, auch wenn es seinen Partner schadet?" Ich
meine diese Frage muss jeder für sich selbst
beantworten. Ich für meinen Teil beantworte sie mit
einem klaren „NEIN!"

Erinnerungen

Das verrückte siebte Jahr, so sagen einige. Nun,
das trifft nicht auf uns zu. Die ersten sieben
Jahre waren mit Höhen und Tiefen verbunden,
so wie es im Leben nun mal ist.

Zu behaupten, jeder Tag war schön, wäre ein
Trugschluss. Es gab Tage, an denen wir uns große
Sorgen machen mussten. Wenn einer von uns krank war
und ins Hospital musste, machte sich der Rest der
Familie Sorgen. Dies ist ganz natürlich. Diejenigen von
uns, die sich liebevoll sorgten, gaben dem Kranken stets
Mut und Kraft. Somit haben wir manche Hürde ganz gut
genommen. Alles in allem können wir daher sagen:
Unsere ersten sieben Jahre waren schöne Jahre!

Dinge schätzen lernen, wenn Menschen krank werden,
sind eine besondere Gabe. Wir reden hier nicht von

Schnupfen, Husten, sondern wirklich von ernsthaften Erkrankungen. Die Frage ist, wie gehen wir damit um? Kinder haben ein Recht auf Fürsorge, auf eine gute und glückliche Kindheit. Das mussten wir als Eltern sicherstellen, auch wenn es nicht immer leicht war trotz Übelkeit und Schmerzen den Kindern das zu bieten, was ihnen zustand.

Ich denke an meinen Therapeuten der mir unentwegt verheißt, dass ich irgendwann wieder in einem „Freizeitpark für die Psyche" auftauchen werde. Doch das wird nicht notwendig sein.

Das beste Rezept ist meine Familie. Wenn ich heute über sie nachdenke, genieße ich in meinen Erinnerungen die Höhepunkte in einer turbulenten Achterbahnfahrt. Wenn es die Kraft meiner Frau erlaubte machten wir einen Spaziergang an den schönen Bodensee, mieteten uns ein Boot und ließen die Kinder, je nach Wunsch, paddeln. Oft besuchten wir die schöne Insel Mainau. Lernten zu schauen wie die Kinder. Da ist ein Stein. Doch was ist darunter? Wir sahen in jeder Blume ein kleines Wunder. Wunder die das Leben uns schenkt.

Viele behaupten, es gibt keine Wunder. Ein Wunder ist ein Ereignis das man sich nicht erklären kann. Manchmal versetzt uns etwas in „Verwunderung." Hier versteckt sich das Wort „Wunder." Vieles bringt uns zum „Erstaunen." Im allgemeinen bezeichnet ein Wunder etwas „Erstaunliches" oder auch etwas

„Außergewöhnliches."

Wer wundert sich heutzutage noch? In einer Hightech Welt ist alles erklärbar. Wer von uns ist heute noch „Erstaunt?" Alles wirkt langweilig, mechanisch. „Ich wundere mich über nichts mehr", sagen manche Leute. Sie kann nichts mehr erstaunen. Das ist wirklich langweilig. Wie gut hat es dagegen doch ein Kind. Es ist auf Entdeckungsreise. An jeder Ecke gibt es „Erstaunliches" und „Außergewöhnliches" zu sehen. Schauen wir des Öfteren doch einmal mit den Augen eines Kindes.

Selbsterkenntnis ist auch ein Weg der Entdeckung. Es mag sein, dass wir wirklich „Erstaunliches" in uns entdecken. Es gibt verborgene Talente, die in uns schlummern. Wir müssen sie nur entdecken und ausgraben, zum Vorschein bringen. Wenn uns diese Talente, wie das Töpfern, das Malen oder Schreiben große Freude bereitet, handelt es sich um etwas „Außergewöhnliches."

Ich lebe, ich freue mich, ich habe ein Wunder entdeckt.

Jede Menge Sport

Nach einer halbstündigen Wirbelsäulengymnastik, die eigentlich immer ruhig und entspannend verläuft, steht im Anschluss daran eine flotte Gangart auf dem Programm.

Wir beginnen mit einem schnellen Lauf durch die Turnhalle. Alle machen blitzschnelle Bewegungen, soweit dies überhaupt möglich ist. Laufen und auf den Boden legen, sobald die Musik aufhört. Wieder aufstehen, rennen und dann eine weitere Übung mit zwei anderen aus der Gruppe.

Das ganze Programm dauert nur fünf Minuten. Jeden von uns es kommt es aber vor, als sei es eine Ewigkeit. Alle sind erleichtert, als endlich Schluss ist. Der Puls rast, das Herz pocht. Der Schweiß durchnässt meine Sportkleidung, die ich mir extra für diese Stunde zugelegt habe.

Zum Ausgleich für diesen gesunden Stress am Vormittag, ist am frühen Nachmittag, gleich nach dem Mittagessen, wieder Musik hören angesagt. Die Musik entspannt und lockert etwas auf.

Am Abend lasse ich diesen sportlichen Tag noch einmal Review passieren. Dabei kommt mir in den Sinn das ich bisher ein „Sportmuffel" war. Mal Sport im TV ist ganz OK! Golf am PC hat mich ebenfalls fasziniert. Doch warum so passiv?

Nun mache ich die Erfahrung das Bewegung auflockert, es kräftigt die Muskulatur und stärkt das Immunsystem. In mir arbeitet unentwegt eine Frage: Wenn ich doch genau weiß was mir guttut, warum mache ich es dann nicht?

Golf spielen macht Spaß. In der Jugend habe ich gerne Bowling gespielt. Warum es nicht wieder aufgreifen? Zum eigenen Wohl und zum Wohl der ganzen Familie. Es gibt einen Spruch: „Wer rastet, der rostet." Ich habe das Gefühl völlig eingerostet zu sein. Bei mir sind nur die Gedanken ständig in Bewegung. Nachts säge ich Holz, weil ich schlecht Luft bekomme.

Der Anfang ist gemacht. Hier in der Klinik habe ich mich an Bewegungsspielen beteiligt. Lass es nicht wieder im Sand verlaufen. Gehe öfters raus in die herrliche Natur und bewege dich. Das nehme ich mir fest für die Zukunft vor.

Eine Überraschung

M eine Ärztin erklärt mir, dass ich gute Aussichten hätte frühzeitig berentet zu werden. Gleichzeitig macht sie mir aber auch deutlich, dass ich über eine 4-wöchige Verlängerung nachdenken sollte.

Wieder kommt mir meine Familie in den Sinn. Sie braucht mich daheim. Während andere sagen: „Denke doch einmal an dich", überlege ich mir, wie ich die Rehabilitation verkürzen könnte. Ich kann es nicht länger verantworten, meine Familie weitere Wochen allein zu lassen.

Dann kommt die zweite Überraschung dieses Tages. Hin und wieder finden in diesem Hause Ärzteseminare statt. Mediziner sollen dabei auf psychosomatische Störungen ihrer Patienten aufmerksam gemacht werden.

Früherkennung ist wichtig, die Überweisung an entsprechende Fachärzte unumgänglich. Aufgrund einer falschen Diagnose werden viele Menschen auf eventuell körperliche Leiden hin behandelt. Richtig diagnostizierte Patienten haben die größeren Heilungs-Chancen, soweit dies noch möglich ist.

Zu diesem bevorstehenden Seminar werde ich als Patient eingeladen, damit die Ärzte einen klassischen

Krankheitsverlauf analysieren können. Ein weiterer Grund, warum gerade ich einer der fünf ausgewählten Patienten sein soll wird mir ebenfalls mitgeteilt: „Sie können Ihre Krankheit sehr gut schildern. Außerdem haben Sie auch kein Problem, mit anderen Menschen über Ihr Leiden zu sprechen". Von dieser Aussage bin ich sehr überrascht. Anscheinend habe ich doch Fortschritte gemacht.

Fiel es nicht gerade mir schwer, mit anderen Menschen über meine geheimsten Gefühle und Gedanken zu sprechen? Offensichtlich scheine ich mich doch verändert zu haben. Ich bin offener geworden, was sich für mich selbst und auch für andere positiv auswirkt. Dafür bin ich sehr dankbar.

So werde ich in einem Vorgespräch mit dem Chefarzt darauf vorbereitet, mein Leiden zu schildern, ohne dabei die eigentliche Krankheit bei Namen zu nennen. Gerade das sollen ja die Ärzte herausfinden.

Schon jetzt bin ich gespannt auf den Samstag. Ich werde diese Anhörung genießen und für mich selbst auswerten, soweit das möglich ist.

Kalte Füße

Am Abend kommen Zweifel auf. Was hast du da wieder gemacht? Viel zu schnell „Ja" gesagt. Es gibt Dinge die mich reizen aber auch belasten. Nun ist es wohl zu spät. Ich bin am Überlegen wie ich aus der Sache wieder raus komme.

Wieder einmal wäge ich ab. Was ist wohl leichter? Jetzt am Abend noch zu meiner Ärztin gehen und absagen oder morgen früh in den sauren Apfel beißen und mich einem Arztgremium stellen?

Absagen, das heißt ich muss aktiv werden. Hingehen und ein paar Fragen beantworten ist wie eine Dusche am frühen Morgen. Ich lasse es einfach zu. Kann sein das sie mich erfrischt. Wieder einmal entscheide ich mich für das kleinere Übel. Es wird eine unruhige Nacht werden.

Ein ereignisreicher Tag

Acht Ärzte sitzen an einem runden Tisch und machen sich Notizen, während mir einer von ihnen Fragen stellt. Ich erzähle erneut von meinem Leiden, heute und in der Vergangenheit.

Ich berichte auch von meiner Zwangsneurose, bei der ich alle Gegenstände und Personen im Gedächtnis abzeichne. Alles, was sich im Zimmer befindet, habe ich schon mehrmals abgemalt, während ich die Fragen der Ärzte beantworte.

Nach unserem Gespräch, dass eigentlich nur 15 Minuten dauern sollte, aber auf eine halbe Stunde ausgedehnt wurde, findet die ärztliche Diskussion hinter verschlossenen Türen statt. Schade! Genau das hätte mich nämlich am meisten interessiert. Meine eigene Geschichte kenne ich ja zu Genüge. Was ich nicht kenne, wäre die fachmännische Meinung dieser Ärzte. Vielleicht erfahre ich einmal etwas über Umwege von diesem Gespräch.

Nicht nur Allgemein-Mediziner, sondern auch Zahnärzte beschäftigen sich mittlerweile mit psychosomatischen Störungen, da auch in diesem Bereich immer wieder diese Krankheit auftaucht. Schmerzen in den Zähnen, im Kiefer oder allgemein in der Mundhöhle sind nicht selten auf psychosomatische Erkrankungen zurückzuführen. Auch auf dem weitreichenden Gebiet der Allergien sollten noch ausführlichere Untersuchungen durchgeführt werden.

Die Umweltverschmutzung, viele vergiftete Lebensmittel und chemische Stoffe lösen nicht nur Allergien aus, sie lösen auch Nervenleiden, Depressionen, Schuldgefühle und völlige Entkräftung aus.

Fachärzte oder die entsprechende Literatur gibt darüber Auskunft. Es ist tatsächlich keine Schande, unter Depressionen zu leiden. Daher frage ich mich: „Warum gibt es so viele Psychosomatische Kliniken?" Hier findet ein tägliches Kommen und Gehen statt. Während zehntausende in deutschen Kliniken behandelt werden, ist die Dunkelziffer von leidenden Menschen noch wesentlich größer.

Viele sprechen aus Schamgefühl nicht von ihrer Krankheit. Sie unterdrücken diese in der Öffentlichkeit. Während viele Menschen über ihre Herzrhythmus-Störungen ungehemmt sprechen können, vermeiden wir es doch immer wieder, über unser Nervenleiden zu reden. Aber eigentlich würde es jedem guttun, diese Gefühle und Ängste einmal zu offenbaren. Unterhalten wir uns ruhig einmal mit Gleichgesinnten.

Ein Arzt mag uns Tipps und Anregungen geben können, aber ein Gleichgesinnter fühlt, was ich fühle. Er versteht, was ich verstehe. Patienten untereinander können sich viel Trost geben. Es gibt davon mehr als wir denken, nicht nur in den Kliniken. Sie sind mitten unter uns.

Wir müssen uns nicht gegenseitig bemitleiden, aber lernen können wir voneinander. Ich nehme mir vor auf andere zuzugehen. Ich lass mich nicht von meiner Krankheit besiegen. Ich kämpfe gegen mein Leiden und nutzen alle Hilfen, die ich dabei bekommen kann. Ein falsches Schamgefühl kapselt mich nur ab. Ich werde zu einem Einzelgänger, wenn ich nicht aufpasse. Allein ist kein Krieg zu gewinnen.

All das ist leicht gesagt und schwer getan. Doch ich will es einmal mit kleinen Schritten ausprobieren. Ich muss ja nicht gleich ein Marathonläufer werden. Was ich nicht sagen kann schreibe ich auf. Das entlastet, es befreit.

Selbst, wenn diese Zeilen niemals von einer anderen Person gelesen werden, sind sie gesagt. Meine Gedanken stehen auf diesem Papier und jedes Mal, wenn ich sie lese, erinnere ich mich an mein Versprechen, das ich mir selbst gegeben habe: „Höre niemals auf zu kämpfen. Sorge liebevoll für deine Familie und deine Mitmenschen." Zugegeben, dass ist nicht immer leicht, aber so lange ich kämpfe, lebe ich. Wenn ich aufhöre zu kämpfen, setzt ein Sterbeprozess ein.

Trotz meiner Schmerzen will ich bewusst leben, nicht

wie betäubt sein. Darum habe ich auch die verordneten Tabletten selbst wieder reduziert. Ich will meine innere Kraft fühlen. Wenn ich Schmerzen habe, weiß ich, in mir ist etwas das kämpft, etwas das lebt. Eine Schutzvorkehrung, eine Art Signal, die mich darauf aufmerksam macht, dass mein Körper noch viel leisten kann und will.

Angst vor dem Tod

Meine liebe Frau, oft habe ich die bisherigen Zeilen vom „Freizeitpark der Psyche" gelesen, neu analysiert und tief in meinem Herzen aufbewahrt. Dabei denke ich an unsere beiden Kinder:

Erinnerungen werden wach, tiefe Gedanken des Herzens, die mich glücklich und auch traurig machen. Tränen der Freude für die schönsten Jahre mit Dir, aber auch Tränen geboren aus Schmerz und Trauer. Viele Jahre hast Du für uns liebevoll gesorgt und gekämpft.

Niemals willst du unsere Kinder allein lassen. Dein Versprechen war: Ich bin bei euch! Doch wie lange? Dir selbst muss doch klarwerden, dass du in den letzten Jahren immer mehr abgebaut hast. Das nimmst du in Kauf, weil du dir selbst ein Versprechen gabst, „ich halte durch bis die Kinder aus dem gröbsten heraus sind".

In vielen Fällen hast du das Krankenhaus auf eigenen Wunsch verlassen. Du musstest ja kochen, putzen, waschen, einfach für die Familie da sein. Wenn wir sie nicht nach langen drängeln abgeholt hätten, würde sie ihre Koffer allein packen und zu Fuß nach Hause gehen. Wir wussten, diese Drohung war kein Spaß.

Tatsächlich, dein Leben war wie das Leben eines Stehaufmännchens. Schmeißen wir eine solche Figur einmal um erhebt es sich sofort wieder, bedingt durch den runden, fetten Unterbau. Doch diese so notwendige Grundlage, zum immer wieder aufstehen, ist bei ihr nicht mehr vorhanden. Dieses Spiel, fallen und wieder aufstehen würde niemals unbegrenzt anhalten.

Mit einem Gewicht von 35 kg bist du noch immer aktiv im Haushalt tätig. Wir bieten dir gern unsere Hilfe an und übernehmen natürlich auch im Haushalt Aufgaben. Doch als gute Mutter und Ehefrau musst du natürlich dabei sein. Die anderen in der Küche allein wirtschaften lassen verurteilt dich, in deinem Unterbewusstsein, zu einer schlechten Mutter.

Habe ich selbst schon einmal mit hohem Fieber einige Tage im Bett verbracht? Ja, das habe ich! Dann ist es doch nur natürlich das ich in dieser Situation das Ruder aus der Hand gebe und mich für kurze Zeit aus den täglichen Geschäften zurückziehe.

Im Grunde genommen ist das auch nicht verkehrt, mal in den Schuhen eines anderen zu laufen, auch wenn es hier und da drückt. Sobald wir unsere Krankheit überstanden haben kehren wir auch wieder mit neuer Kraft an unsere gewohnte Arbeit zurück. Für viele ist das ein ganz normaler Prozess. Nicht so für einen Magersüchtigen.

Mit aller Gewalt Essen auf den Tisch bringen, egal wie. Die anderen müssen stark bleiben, wenn du selbst auch nichts mehr essen kannst. Naja, das ist ganz logisch! Wenn du kochst musst du natürlich das Essen auch abschmecken. Muss die Soße noch nachgewürzt werden? Sind die Kartoffeln gut durch? Hat das Gemüse einen guten Biss? Ein gesunder Mensch wird es kaum für möglich halten doch unser Koch war nach dem abschmecken bereits satt.

Ich sitze mit beiden Kindern oft allein am Tisch, während du Zeit auf der Toilette verbringst und deine kleinen Mahlzeiten wieder ausspukst.

Mit laufender Gewichtsabnahme wird natürlich deine Energie weniger. Das hat zur Folge, dass du auch langsamer wirst, nicht nur was den täglichen Ablauf deines Haushaltes betrifft, sondern auch dein Denkprozess verlangsamt sich.

Für vieles bist du nicht mehr richtig aufnahmefähig. Einiges geht nur noch mechanisch. Wie ein Hamster im Laufrad. Er läuft, weiß aber gar nicht so recht warum, doch er läuft und läuft.

Müsste man nicht einen gefährdeten Menschen zu

seinem Glück zwingen? Doch wie? Nachdem zwei Ärzte die weitere Verantwortung für dich abgelehnt hatten befragte ich wiederholt meinen Hausarzt, bei dem du ebenfalls eine Zeit lang in Behandlung warst, den du aber gewechselt hast, weil er dauernd von Krankenhaus sprach.

Nun erklärte er mir: So lange du noch selbst entscheiden kannst können wir dich nicht Zwangsweise in eine Klinik einliefern. Daher der Tipp des Arztes: „Sie können einen Krankenwagen rufen sobald ihre Frau umkippt. Dann können wir sie einweisen!"

Nun gut, das hat uns auch nicht sehr weit gebracht. So lange ein Stehaufmännchen funktioniert und nicht entmündigt ist richtet es sich wieder auf. Das Ergebnis, ein, zwei Tage, Krankenhaus, dann nach Hause und langsam weitermachen.

Wenn der Magen knurrt möchte jeder gern etwas essen. Dann ist der hungrige auch bereit sich selbst etwas zum Essen zu machen.

Die Küche war für jedermann Sperrzone, es sei denn einer von uns wollte helfen, z.B. beim Geschirr spülen das abtrocknen der Teller zu übernehmen. In den letzten Tagen warst du schon recht erschöpft und dann ging ich in die Küche und begann zu kochen, besser gesagt, ich wollte beginnen. Doch dann bist du aufgewacht, wie ein Stehaufmännchen, das in seinem Revier auftaucht.

Nun gab es einen heftigen Gedankenaustausch. Du

erinnerst dich: Nach und nach wollten wir natürlich die verschlossenen Fenster wieder öffnen. Festgemauerte Ziegel lassen sich nur mit Gewalt ausbrechen. Daher fuhren wir jetzt schon mal einen etwas härteren Gang.

Mit guten Argumenten kann ich einen süchtigen nicht gegenübertreten. Ich kann einen Spielsüchtigen oder Drogenabhängigen stundenlang Gründe nennen warum seine Sucht ihm selbst Schaden zufügt. Anschließend zieht er los und holt sich das was er seiner Meinung nach unbedingt braucht.

Jemanden die Wahrheit zu sagen ist für beide Parteien nicht einfach. Auf der einen Seite sagen wir kranken Menschen, dass sie ja keine schlechten Menschen sind, nur weil sie krank sind. Wir halten ihnen lediglich einige Fehler vor Augen, die sie einstellen müssten, damit sie wieder gesund werden.

Hin und wieder sind auch süchtige einsichtig, dann haben sie einen klaren Moment. Was bewirkt das? Als du an diesem Punkt warst und erkanntest das wir es ja nur gut mit ihr meinen, fingst du fürchterlich an zu weinen: „Ich bin ein schlechter Mensch, eine schlechte Mutter, eine schlechte Ehefrau. Ich kann nicht mal mehr für euch sorgen".

In dieser Situation nahm ich dich in den Arm und versicherte dir, dass du auf keinen Fall ein schlechter Mensch bist. Dann warst du am Einbrechen. Du sankst in die Knie. Der Trost von mir und den Kindern hob dich wieder hoch, gab dir wieder neue Impulse und Kraft, doch es bewirkte etwas was wir gerade vermeiden wollten.

Wenn du tatsächlich eine gute Mutter und Ehefrau bist dann musst du natürlich auch für uns da sein. Du hast dir die Tränen abgewischt und das Kochen fortgesetzt. Ohnmächtig warteten wir ab bis unser Essen fertig war und oftmals mussten wir lange warten, denn wie erwähnt, wurdest du immer langsamer.

Wenn du Gemüse putzt sahst du einen Fleck am Kühlschrank. Dann legtest du das Gemüse beiseite und begannst den Fleck zu entfernen. Wenn etwas auf den Boden fiel musste der erst gesäubert werden. Die Logik das die Küche erst nach dem Kochen geputzt wird ging völlig unter. Auch in einer kleinen Küche kann sich ein verwirrter Geist völlig verlaufen.

Unser Gehirn braucht ebenfalls Nahrung, wenn dieses ausbleibt gehen klare Gedanken verloren. So wurde es immer später bis das Essen zu uns kam. Es wurde oft 12 oder 1 Uhr.

Das ist doch eine Top Zeit fürs Mittagessen. Doch wir sprechen hier nicht von Mittagessen, sondern von Nachtmahl, 1.00 Uhr nachts. Übermüdet nagten wir am Essen herum. Der Hunger war längst nicht mehr das Thema.

Nachtruhe, schlafen gehen. Morgen früh müssen die Kinder in die Schule. Anfangs war es noch eine angenehme Geschichte für unsere Kinder. Gezwungenermaßen konnten sie jetzt länger aufbleiben. Mit zunehmendem Alter kam aber auch die Erkenntnis, dass diese Angelegenheit auch seinen Tribut zollt. Unser Sohn war hier wieder der erste der dagegen rebellierte, doch nicht unsere Tochter.

Während sie stundenlang neben dir in der Küche stand und erzählte, ging der Junior einfach ins Bett. Vom vielen Reden, immer wieder dasselbe sagen, wie er oft meinte, hielt er nichts. Er ließ Taten folgen. Unsere Tochter hingegen war bemüht durch logische Argumente, tiefsinnige Gespräche, dir zu helfen. Dadurch dauerte die ganze Prozedur des Kochens natürlich noch länger.

Irgendwann war es dann aber immer soweit. Nun hast du dich stundenlang mit letzter Kraft gezwungen für uns zu kochen. Kann man es dann fertig bringen dieses Essen zu ignorieren? Du weißt, unsere Tochter war nie eine gute Esserin. Noch sehr lange wurde sie von dir Löffel für Löffel gefüttert. Selbst noch als sie schon zur Schule ging und das tatsächlich überall, nicht nur zu Hause, auch im Restaurant.

Doch zunächst saß sie mitten in der Nacht an einem übervollen Teller und nagte wie ein Mäuschen daran. Ich forderte sie mehrmals auf ins Bett zu gehen.

Dann kamst du dazwischen und sagtest: „Sie muss essen, sonst wird sie krank". Was steckt da für eine verdrehte Logik dahinter? Unsere Tochter war so auf dich fixiert das sie tatsächlich alles aß, allerdings im Schneckentempo. Es dauerte eine Ewigkeit. Sie konnte sich dir nicht entziehen.

Junior lag im Bett, war bereits im Land der Träume. Dann wurde er von dir geweckt. Liebevoll hieß es: „Schatz, das Essen ist fertig." Anfänglich quälte er sich noch müde aus dem Bett und machte sich lustlos an das Essen. Auch er wollte dir nicht wehtun und sah deine große Opferbereitschaft.

Der kleine Rebell erkannte den Weg mit der Brechstange. Er wollte atmen, die Fenster aufreißen, natürlich leben. Zukünftig ließ er sich nachts nicht mehr zum Essen rufen, er drehte sich einfach um und schlief weiter. Damit gab er uns eine hilfreiche Lehre. Auch wenn es weh tut, große Überwindung kostet, dieser Weg war letztendlich erfolgreich. Mehr und mehr erkämpfte er sich Freiheiten. Freiheiten von denen unsere Tochter noch träumt obwohl sie vier Jahre älter ist und das war wohl das Problem. Als Erstgeborene war sie noch immer gefangen.

Gerne wollte sie, wie andere Mädchen in ihrem Alter auch, Rollschuh laufen. In sportlichen Angelegenheiten war sie aber nicht gerade geschickt und so hast du es ihr verboten, mit der Begründung: „Du könntest dir weh tun!" Wem wundert's, dass sie im Sport etwas steif war? Wie sollte jemand in einer Sache geschickt werden wenn es dafür keine Gelegenheit gibt?

Meine liebe Frau, diese Zeilen mögen dir weh tun, wenn du sie einmal liest. Verstehe sie nicht als Kritik. Sie sollen dich nicht herabsetzen. Du bist ein liebevoller Mensch der es verdient zu leben. Lebe und sei bitte glücklich.

Denke bitte darüber nach das nicht nur du Angst hast. Auch wir sind inzwischen ängstlich geworden. Wenn eines deiner Kinder ernsthaft erkrankt, würdest du um dieses Leben bangen. Du hast uns Liebe gelehrt. Sollten wir da nicht auch um dich ängstlich besorgt sein?

Sonntagsbesuch

Schon fast zwei Stunden warte ich auf meine Familie. Es überfällt mich eine lähmende Angst, weil die Zeit vergeht und niemand kommt. Dauernd laufe ich zum Fenster und schaue hinaus. Ich verlasse mein Zimmer und mache mich auf den Weg in die Stadt.

Aus dieser Richtung müssen sie kommen. Zwanzig Minuten stehe ich an der Kreuzung, die zur Klinik führt. Dann gehe ich zurück, in der Hoffnung, dass sie vielleicht doch einen anderen Weg genommen haben und nun bereits in der Klinik angekommen sind.

Eine neue Enttäuschung, niemand ist da. Obwohl ich sonst nicht überängstlich bin mache ich mir heute große Sorgen. Ich rufe zu Hause an. Niemand nimmt den Hörer ab. Sie sind schon lange unterwegs, doch sie kommen nicht an. Ich zwinge mich zur Ruhe, setze mich in den Aufenthaltsraum. Von hier aus kann ich die Straße gut einsehen. Nach wenigen Minuten stehe ich wieder auf und stelle mich erneut an die Straße. Endlich, da kommen sie. „Wo wart ihr denn so lange?", ist meine erste spontane Reaktion.

Meine Frau schaut mich mit ihren großen, dunkelbraunen Augen etwas verwundert an. Während sie mich umarmt und mich auf das gestrige Telefonat aufmerksam macht, kommt die große Erleuchtung. Natürlich hat sie mir gesagt, dass die Familie noch bei Freunden zum Mittagessen eingeladen war und es diesmal später werden würde.

Zurzeit bin ich völlig durcheinander. Ich habe es zwar gehört, aber nicht völlig registriert. So macht man sich manchmal unnötige Sorgen, wenn man nicht richtig zuhört oder etwas unbewusst verdrängt. Ich muss dringend dafür sorgen, dass mein Kopf wieder klar wird.

Nach einem kurzen Spaziergang mit Freunden und Familie kommt noch überraschend mein Schwager, mit Frau und Kind zu Besuch. Gemeinsam verbringen wir noch einen schönen Sonntagnachmittag, der wie immer viel zu schnell vergeht. Bald bin ich allein mit meinen Gedanken und Plänen, die mich in der kommenden Nacht wieder nicht schlafen lassen.

Pro und Contra

Hin und her wälzen in einem verschwitzten Bett. Um mich herum kreisen wieder einmal viele Gedanken. In Gedanken mache ich Zeitreisen. Springe hin und her. Denke über meine Kindheit und Jugend nach. Stelle mir die Zukunft vor. Wie soll sie aussehen? Besser als die Vergangenheit?

Dann halte ich inne und frage mich: Wieso soll die

Zukunft besser sein als die Vergangenheit? Was war schlecht an der Vergangenheit? Die Gesundheit! Die Gesundheit meiner Frau und meine eigene. Doch sie hat uns auch nähergebracht. Hatten wir uns nicht versprochen uns zu lieben, in guten Tagen, wie auch in schlechten?

Als Junggeselle ist das Leben sicher einfacher. Auf niemanden muss ich Rücksicht nehmen. Allein, in meinen vier Wänden kann ich tun und lassen was ich will. Ist das tatsächlich so? Wenn die Musik zu laut ist steht plötzlich die Polizei vor der Tür. Meinen Arbeitsplatz kann ich frei wählen. Doch ich kann nicht frei entscheiden. Den Anweisungen des Meisters oder Chefs muss ich folgen sonst habe ich die Freiheit einen neuen Job zu suchen.

Diese Überlegungen machen mir etwas sehr deutlich. Ich nehme Rücksicht auf Menschen die ich gar nicht richtig kenne. Menschen, die nicht zu meinem Freundeskreis gehören, die ich nicht einmal wirklich mag. Ich lebe in einer Gesellschaft auf die ich Rücksicht nehmen muss. Diese Gesellschaft besteht aus Menschen um mich herum, Nachbarn, Arbeitskollegen. Das System machte mich zu einem Teil dieser Gemeinschaft und dennoch war ich lange einsam.

Wir nehmen Rücksicht auf Menschen die wir nicht kennen, die wir nicht lieben. Wieviel mehr Rücksicht sollten wir doch auf unseren Nächsten nehmen? Auf den, der mir am nächsten ist. Rücksicht nehmen, auf die, die ich liebe. Gerade diese kommen manchmal zu kurz, weil wir uns unüberlegte Freiheiten herausnehmen.

Meinen Chef habe ich mit Würde und Respekt behandelt obwohl er ein Tyrann und Choleriker ist. Warum habe ich das getan? Weil ich ihn liebe? Sicher nicht! Ich tat es aus Liebe zu meiner Familie. Sie zu schützen und zu ernähren war meine Aufgabe. Wenn ich einen Idioten respektieren kann wieviel mehr meine Frau und meine beiden Kinder.

Gegen Morgengrauen komme ich zur Ausgangsfrage dieser langen Nacht zurück: Wird die Zukunft besser? Wenn alles besser werden muss, war alles in der Vergangenheit schlecht. Das ist nicht der Fall. Es gab viel Druck von außen. Dinge stürmten auf uns ein die wir nicht beeinflussen konnten. Ich lernte Rücksicht zu nehmen auf eine kranke Gesellschaft. Rücksicht nehmen auf ein System das falsch und korrupt ist.

Nun ist meine liebe Frau krank. Zugegeben auch sie macht Fehler. Ich toleriere die Fehler einer kranken Welt, weil mir nichts Anderes übrigbleibt. Ich toleriere die Fehler einer Welt die ich hasse. Warum sollte ich nicht auch die Fehler einer Frau tolerieren, die ich liebe. Sobald die Nacht vorbei ist muss ich ihr unbedingt einen Brief schreiben…

Ein ausführlicher Brief

Meine kleine Frau,
meine großen Kinder,
natürlich freue ich mich auch auf ein baldiges wiedersehen. Ich erinnere mich genau an die Zeit zurück, als wir uns jeden Tag geschrieben haben. Es war eine schöne Zeit, die Verlobungszeit und dennoch würde ich gern auf das Briefeschreiben verzichten, denn in Natura seid ihr mir alle viel lieber. Wenn ich manchmal gesundheitlich ganz unten war und mich nach Ruhe sehnte, so weiß ich doch, dass ich niemals ohne euch sein könnte. Hier gehen mir sehr viele Gedanken durch den Kopf und je mehr ich über Euch drei nachdenke, desto mehr lerne ich über mich selbst kennen. Wir können stolz sein, auf unseren jüngsten, der offen und lebendig ist, gewitzt und schlagfertig. Stolz sind wir auch auf unsere große Tochter, die manchmal etwas zurückgezogen ist, aber ein sehr liebevolles und empfindsames Herz hat. Auch auf Dich, meine kleine Frau, sind wir stolz. Du bist eine gute Frau und eine gute Mutter.

Oft wünsche ich mir, ich könnte mehr gutes für Euch tun, ich könnte jeden Ärger und jedes Problem von Euch fernhalten. In allem, was ich hier mache, denke ich an Euch und wünsche mir, Ihr könntet einen Anteil an dem haben, was ich hier erlebe. Einen kleinen Einblick werdet Ihr durch mein Tagebuch erhalten, das ich für Euch schreibe. Wieder einmal schreibe ich viel zu schnell. Ich hoffe Ihr könnt alles gut lesen. Meine Gedanken sind schneller als meine Hand und so habe ich das Gefühl ich müsste meinen Gedanken nachhetzen, die einen großen Vorsprung haben. Ich verwünsche das System und die Krankheiten die uns daran hindern noch mehr für unsere Kinder zu tun, doch ich lerne es, jeden Augenblick zu genießen. Heute Morgen habe ich mir Schmerztabletten geben lassen. Es geht nicht mehr ohne. Die Krämpfe im Kopf werden immer stärker.

Ich weiß, Du kannst das Alleinsein nicht genießen und ich wünschte mir, ich könnte es Dir erleichtern. Andererseits ist es auch ein Anlass zur Freude, dass Du immer noch an mir hängst und mich liebst, trotz meiner Fehler. Mir geht es mit Dir genauso. Vergib mir, wenn ich nicht immer in der Lage war, es Dir frei zu sagen: „Ich liebe Dich". Lies einfach mehr in meinem Herzen. Wer hätte das gedacht, jetzt schreibe ich auf meine alten Tage noch einen Liebesbrief. Das ist vielleicht das einzige positive an unserer Trennung, die bald zu Ende geht.

Nachdem ich fast alle Tabletten abgesetzt habe, fühle ich mich wieder besser. Ich habe heute Glücksgefühle erlebt, wie ich sie noch nie hatte. Von denen ich nicht einmal wusste, dass es sie gibt. Mein Verstand ist wieder klar und so hatte ich auch wieder im Gruppengespräch Gelegenheit mich an der Diskussion zu beteiligen. Jürgen sagte zu mir: „Du bist ein Mensch mit einem großen Herzen, ein Mensch mit Doppelherz." Und gerade er hat mir die Brücke gebaut, meinen Standpunkt zur vierwöchigen Verlängerung klar zu machen. Eine Verlängerung lehnte ich trotz Zureden des Therapeuten und der Gruppe ab. Jürgen sagte nur dazu: „Dieser liebe Mensch kann gar nicht anders. Er ist zu Hause besser aufgehoben."

Heute erlebte ich einen Unterschied wie er nur zwischen Tag und Nacht besteht. Meinen Mitpatienten fiel auf, dass ich wieder einen klaren Blick habe. Nach Tagen sagte Jürgen zu mir: „Du bist wieder der alte."

Ein Problem hatten wir noch mit einer Mitpatientin. Sie hat sich schon seit einiger Zeit aus den Gesprächen rausgehalten, saß nur deprimiert da. Daraufhin stellte Jürgen eine Frage in den Raum: „Warum beteiligen sich nicht alle an unserem Gespräch?" Dann kam die Antwort: „Ich fühle mich voll daneben. Ich hasse mich beinahe selbst das ich so bin. Momentan kann ich nichts sagen."

Dann bin ich aus mir selbst herausgewachsen und habe aus vollem Herzen, ehrlich reagiert, so wie ich schon immer auf solche Situationen reagieren wollte. Ich sagte wörtlich: „Wahrscheinlich sind Sie deprimiert, nicht etwa, weil Sie nicht sprechen wollten, sondern weil Sie es im Moment nicht können." Sie nickte nur zaghaft.

Nun kam ein Satz aus meinem Herzen, ohne Angst, ohne Aufregung, einfach so, wie ich fühle: „Sie sind nicht wertlos! Sie machen auf mich einen sehr sympathischen Eindruck. Sie sind etwas wert!"

Nach meinem heutigen Wortwechsel, den ich mit Jürgen fast allein gehalten habe, kamen die Gegenreaktionen. Der Therapeut griff noch einmal meine Verlängerung auf. Alle, außer Jürgen, meinten, sie täte mir gut. Dennoch habe ich abgesagt. Um die Tür noch offen zu halten gaben sie mir Bedenkzeit bis zum Wochenende.

Die letzte endgültige Entscheidung kann ich nicht ohne Dich treffen. Ich versprach Dir, dass ich nicht verlängere, daran halte ich auch fest. Ich will meine Entscheidung so treffen, dass es Euch zu Gute kommt. Wäre ich allein, könnte ich natürlich anders planen. Doch jetzt geht es nicht nur um mich, sondern auch um Euch. Darum halte ich mich an mein Versprechen. Du sollst mir zu jeder Zeit vertrauen können. So entscheiden wir gemeinsam.

Mit diesem Brief wollte ich Dir zeigen, dass ich eine neue Erkenntnis gewonnen habe, die mir sehr gut tut und Kraft gibt mehr für Euch zu tun.

Ich liebe Euch und möchte daher nicht alles allein entscheiden. Bitte helft mir die richtige Entscheidung für uns alle zu treffen. Du wirst jetzt natürlich sagen, „die war doch bereits getroffen", Das ist richtig! Ich möchte nur, dass Du darüber nachdenkst, dass manche Entscheidungen für mich nicht immer einfach sind.

Ich bin das erste Mal in einem „Freizeitpark der Psyche". Ich brauche jetzt Kraft für uns alle, für viele Jahre.

Bitte bewahre diesen Brief gut auf, wie Du alle meine Briefe aufbewahrt hast, denn ich habe es heute unterlassen in mein Tagebuch zu schreiben. Dort steht nur: „Siehe Brief. " Du bist mir jetzt wichtiger als das Schreiben meines Tagebuches.

Diesen Brief werde ich vielleicht später einmal nachtragen. Bitte denke daran, dass ich Dich liebe und dass es nie enden wird. Doch ich muss Dir auch schreiben wie ich fühle. In Liebe beende ich diesen Brief und vertraue mich Euch allen an.

Euer Papa

Nachträgliche Gedanken

Warum ist sie manchmal so stur? Wir hatten notgedrungen geplant, dass ich diesen „Freizeitpark für die Psyche" nur sechs Wochen besuchen werde. Doch Umstände können sich ändern und hin und wieder müssen wir uns diesen Umständen anpassen und etwas flexibel sein. Ich überlege ob es mir vielleicht doch gut tun würde meinen Aufenthalt hier zu verlängern.

Bekomme ich meine beantragte Frührente überhaupt durch wenn ich jetzt hier abbreche? Wie kann ich nach zwei Jahren Krankheit wieder ins Berufsleben einsteigen, wenn das mit der geplanten Rente schiefgeht? Wieder mal eine Zwickmühle. Ich muss nach Hause, weil ich es versprochen habe. Doch von was werden wir dann leben? Demnächst stellt die Krankenkasse ihre Zahlungen ein. Wie geht es dann weiter? Viele offene Fragen.

Tablettenpoker

Nachdem ich die Tabletten den ganzen Montag über unterschlagen habe, ich habe sie nur in den Mund genommen aber nicht geschluckt, spreche ich nun mit meinen Ärzten über diese Situation.

Ich kann wieder klar denken, bin leistungsfähiger obwohl ich immer noch Kopfkrämpfe habe. Doch wir, die Ärzte und ich, kommen überein, die Tablettenration zu halbieren, statt 290, „nur noch" 140 mg am Tag. Auch diese Menge scheint mir noch zu viel zu sein, ist aber ein Kompromiss, den ich vorerst akzeptieren kann. Lieber wäre es mir natürlich ganz ohne Tabletten auszukommen. Das wird sich auf Dauer, wie mir die Ärzte erklären, nicht realisieren lassen.

Mit den Tabletten könnte ich nicht arbeiten, da sie mich im Denken und in der Leistung beeinflussen. Ohne Tabletten gehe es aber auch nicht. Wieder einmal bin ich so richtig in der Zwickmühle. Ich weiß noch nicht, wann meine Kugel wieder ins Rollen kommt.

Noch ein merkwürdiger Traum

Etwas verwirrt im Geiste geht mir ein Traum der letzten Nacht durch den Kopf: In diesem Traum saß ich auf der Terrasse eines Wirtshauses. Mir gegenüber saß die Königin von England. Wohlerzogen, den Kopf aufrecht, etwas steif.

Als ich mir dieses Bild etwas näher betrachtete, kam Prinzessin Diana dazu: „Das Essen hier ist aber komisch, ganz anders." Ohne mich vorzustellen oder Referenzen zu machen, mischte ich mich in das Gespräch ein: „Das ist auch gut so. Auch ein Mittagessen muss einmal schlecht sein."

Plötzlich kamen meine beiden Kinder, nahmen Diana bei der Hand und führten sie in ein fremdes Reich voller Fabelwesen. Während sie auf der saftigen grünen Wiese spazieren gingen, begannen alle drei zu schrumpfen, bis man sie im hohen Gras nicht mehr sah.

Sie wurden so klein wie Däumlinge. Damit wurde ihr Leben zu einem Abenteuer. Die Kinder konnten die Zeit zurückdrehen. Die Prinzessin hoffte jetzt auf Glück. Alles anders machen, besser machen. Einen anderen Mann heiraten.

Auf ihrem Weg durch dieses Wunderland wurden die drei von vielen Fabelwesen angegriffen. Mit jedem Kampf den sie gewannen, wurden sie größer, bis sie Riesen waren.

Als sie zu mir zurückkehrten, erzählten sie ihren Opa, der plötzlich da war: „Das ist Prinzessin Diana". Aber der Opa glaubte ihnen nicht: „Das ist niemals Diana, die Prinzessin mit den tausend Schuhen, sie sieht ihr nur ähnlich."

Weil der Opa den Kindern nicht glauben wollte dachten sie sich eine Strafe für ihn aus. Der Opa, ein absoluter Klassikfan, muss einen ganzen Tag lang Falco hören. Was für ein merkwürdiger Traum.

Muss ich unbedingt andere Wege gehen um glücklich zu werden? Gehe ich rechts statt links, wird es anders. Wird es aber auch besser?

Die Probleme des Lebens machen uns manchmal zu Zwergen, sie unterdrücken. Mit jedem Gewicht, das ich ablade, wachse ich körperlich und geistig. Wann wird der Mensch glücklich? Kann er glücklich werden, wenn er die Schuld bei anderen sucht? Ach, hätte ich doch nur einen anderen Mann geheiratet. Wäre ich doch nur nicht diesen Weg gegangen, sondern einen anderen.

Wer andere für sein Unglück verantwortlich macht gibt sein Leben aus der Hand. Er bestimmt es nicht mehr selbst. Für alles und jedes ist ein anderer schuld, von dem wir beherrscht werden wie ein Sklave. Wenn wir uns davon frei machen, kommt das Wachstum. Ein Riese wird nicht geboren, er wächst, aber nur dann, wenn er genügend Nahrung zu sich nimmt, sich trainiert und sein eigenes Wachstum nicht behindert.

Was der Opa in diesem Traum für eine Rolle spielt weiß ich nicht genau. Der Vater meiner Frau, scheinbar ein Perfektionist, drückt gerne anderen seine Meinung auf. Er ist intelligent, ein Maler und Dichter. Er sieht gerne seine eigenen Qualitäten, nicht aber die der anderen. Wenn die Enkelkinder ein Bild malten oder ein Gedicht schrieben, gab es ihrem Alter entsprechend kein Lob sondern lediglich gezielte Anweisungen, wie das Projekt noch besser werden würde.

Gab es für seine Kinder in der Schule die Note 2, musste es eine 1 sein. Gab es die 1, konnte noch die Schrift verbessert werden. Es gibt immer etwas zu verbessern. Es gibt keinen vollkommenen Menschen auf der Erde. Warum drängen alle aber immer wieder zum Perfektionismus, wenn es ihn doch gar nicht gibt? Und noch schlimmer: Warum drücken sie diese gewünschte Perfektion anderen auf?

„Nobody is perfect", heißt es im englischen. Interessant, zu diesem Thema gibt es Lieder, Spiele, Sprüche, Fragen und sogar Möbel. Wenn es uns so klar ist, dass wir nicht perfekt sein können, warum machen wir anderen dann so viel Stress. Den größten Schaden fügen wir uns selbst zu.

Der perfekte Opa, der seine Enkel für unvollkommen hält, was sie ja auch sind, macht sie klein. Sie sind in seinen Augen Däumlinge. Wahrscheinlich habe ich diese Arroganz in meinem Traum wieder aufleben lassen.

Diese Kinder wurden im Abenteuerland nach und nach wieder größer. Sie haben Fragen gestellt, zur Vergangenheit der Mutter. Sie konnten sich mit diesem Thema auseinandersetzen, was die Großeltern strikt

188

ignorierten. Dieses Nachdenken, das Kämpfen gegen Fabelwesen, wie ich es träumte, hat sie stark gemacht. Sie haben sich von einer falschen Denkweise distanziert.

Prinzessin Diana wird dem Opa vorgestellt. Er leugnet es: „Das ist niemals Diana. Sie sieht ihr nur ähnlich." Erklären kann ich mir diese Phase des Traums nur mit einem Ereignis aus der Vergangenheit. Meine Tochter hat ein Gedicht geschrieben und es ihrem Opa gezeigt. Diesmal kam keine Korrektur, kein Tadel. Das kann doch nur bedeuten, dass es dem Opa gefallen hat, oder? Nichts sagen ist so gut wie ein Lob, sagt man. Es kam jedoch noch ein Satz nach: „Das hast du nicht selbst gemacht!" Mit anderen Worten, was wirklich Gutes kann nicht von dir sein.

Mein Sohn hat ein Blick für Farben und malt ebenfalls, genau wie seine ältere Schwester. Da ich selbst auf diesem Gebiet kein Talent aufweisen kann, dachte ich mir: „Schön, dann haben sie eben etwas vom Opa geerbt. Doch wenn jemand nur kritisiert wird anstatt gelobt zu werden, dann stellt er bald seine Bemühungen ein. Dies tat natürlich auch mein Junior, obwohl ihm das Malen immer Freude machte.

In meinem Glauben an die Menschheit und vor allem an die Familie dachte ich, dass mein Schwiegervater die Covers für meine Bücher gestalten könnte. Doch zu meinen Büchern sagte er nur: „Was ein Mensch nicht gelernt hat, kann er auch nicht." Die Bücher wurden in den Boden gestampft, noch bevor sie fertig waren. Bis zum heutigen Tag hat er sie nie gelesen.

Im Traum gab es eine Strafe für den Opa. Falco hören! Wenn ein Klassikfan das Lied: „Rock Me Amadeus", hören muss, ist das absoluter Horror für ihn. Hinzu kommt, dass Popstars in den Augen des perfekten Opas in die unterste Schublade gehören. Hier macht sich Ekel breit.

Lange Gespräche

Von einer Mitpatientin werde ich auf meinen Glauben angesprochen. Wir vereinbaren einen Termin am Nachmittag und unterhalten uns zwei Stunden über ihren Sohn. Seit zehn Jahren wird er immer wieder straffällig. Zum ersten Mal mit 18 Jahren.

Mit seinem Verhalten schadete er der ganzen Familie. Um einen bewaffneten Raubüberfall zu verhindern, rief die Mutter die Polizei. Daraufhin gibt es in ihrem Haus eine Schießerei. Der Sohn wird verhaftet und sitzt seitdem im Gefängnis. Die Mutter ist beladen mit Schuldgefühlen.

Ihr jüngster Sohn, sollte vor dem schlechten Einfluss seines älteren Bruders geschützt werden. Ihm wurde das Haus verboten. Seitdem regt sich aber ständig ein schlechtes Gewissen, sein eigen Fleisch und Blut verraten zu haben.

Die Mutter hat seitdem keinen Kontakt mehr zum älteren Sohn, weil er es nicht mehr will. Doch sie möchte ihm gerne helfen und versichert mir: „Er ist nicht schlecht!" Ich spüre die Liebe dieser Mutter und mache mir Gedanken, wie ich ihr helfen könnte.

Ich erzähle das Gleichnis von dem verlorenen Sohn, aus der Bibel. Dieser Sohn zog es vor, sein ganzes Erbe zu verprassen. Nachdem er das Haus seines Vaters verließ, geriet er in schlechte Gesellschaft. Dort kam er zur Besinnung. Lieber wollte er ein Sklave seines Vaters werden, als diesen Lebenswandel weiterhin zu führen. Er machte sich auf den Heimweg.

Der verlorene Sohn war noch nicht zu Hause angekommen, als ihn der Vater schon von weitem kommen sah. Es wurde schnellstens ein Fest vorbereitet. Bevor das erste Gespräch stattfinden konnte, wurde diesem Sohn schon vergeben. Warum? Weil er bereute. Wenn er nicht bereut hätte, wäre er nicht zurückgekehrt. Nach der Einsicht erfolgte die Tat. Allein die Umkehr zeigt Reue.

Bei dem straffälligen Sohn meiner Mitpatientin gab es eine ähnliche Situation. Vom Gefängnis aus baute er einen brieflichen Kontakt zu seiner Großmutter auf. Hin und wieder fragt er nach der Mutter. Eigentlich wollte er sie nach ihrem Verrat nicht wiedersehen. Ganz egal ist sie ihm aber dennoch nicht, sonst würde er nicht nach ihr fragen.

Ein junger Mann, der Regeln und das Gesetz bricht, darf jetzt doch keine Schwäche zeigen und einfach zurückkriechen. Er muss doch Stärke demonstrieren. Er braucht die anderen nicht, erst recht nicht, wenn es um Verrat geht. Bin ich verraten worden oder wurde ich nur beschützt? Hat sich die Mutter als Schutz für den jüngsten Sohn erwiesen? Hat sie mit diesem Verrat noch viel Schlimmeres für ihren älteren Sohn verhindert? Dem jungen Mann im Gefängnis ist das sicher noch nicht klar. Mit der noch zaghaften Frage nach seiner Mutter, sind jedoch aber noch nicht alle Gefühle abgestorben.

Auch ein „Knastbruder" braucht Zuwendung und Liebe, auch wenn es ihm als Schwäche ausgelegt werden wird. Hier bin ich wieder bei einem bekannten Bibelwort: *Das Schwache hat die Welt besiegt!*

Unsinn! Wer schwach ist, geht drauf! Überleben wird nur der Starke, der Macho. Wie kommt es aber, dass eine schwache, verletzte Mutter unter größten Gefahren in ein brennendes Haus läuft und mit letzter Kraft ihr Kind herausholt, während der Macho auf der Straße zuschaut?

Das ist die Kraft der Liebe, die die Welt besiegt. Wenn nun der Sohn nach seiner Mutter fragt, ist es dann ein Zeichen der Umkehr? Ist das ein Versuch zu sagen: Ich würde ja gern nachgeben, aber dazu bin ich noch zu stark, zu stolz, zu eigensinnig. Lieber leide ich noch eine Zeit, als dass ich mich als schwach erweise oder nachgebe und die Tat der Mutter positiv bewerte. Niemals! Dazu müsste ich etwas weiser werden.

Es ist zu hoffen, dass eine liebende Mutter ihren verlorenen Sohn wieder gewinnen kann. Den größeren Gewinn wird dann aber der Sohn selbst haben.

Ein weiteres Gespräch findet erneut mit der Gruppe statt. Es geht wieder allein um meine Verlängerung.

Heute muss ich mich entscheiden. Ich fühle mich gut. Ich habe gelernt nicht mehr Perfektionist zu sein, wie in meinem Rühmann Traum geschildert wird. Viele Gründe kann ich vorbringen die gegen eine Verlängerung sprechen. Doch der Therapeut und die Patienten lassen nicht locker. Nach mehr als 40 Jahren kommen meine Gefühle heraus. Ich bin stark! Wir werden es schaffen!

All diese Argumente zählen nicht. Der Therapeut lässt nicht mehr locker, er will unbedingt vor allen Anwesenden eine Verlängerung erreichen. Dann kommt von mir ein Satz, an dem er nicht mehr vorbei kann: „Sie selbst haben mir hier Selbstvertrauen beigebracht. Sie sagten auch: Ich soll einmal auch an mich denken! Gerade hier habe ich gelernt, auch einmal „Nein" zu sagen und nun sage ich „Nein!" Danke für die Therapie." Der Therapeut ist erfreut: „Eins zu Null für Sie!"

Anschließend werden vier Patienten verabschiedet. In der nächsten Woche werde ich dabei sein.

Es ist komisch. Wieder ein Traum mit einem Prominenten. Hans Joachim-Kulenkampff als Verkäufer in einem Fernsehgeschäft. Aber ich will doch keinen Fernseher kaufen. Ich will etwas los werden: eine Show, die er leiten soll, in der ich selbst mitwirke, mit meinen Ideen. Wieder ein etwas unverständlicher Traum.

Obwohl ich ein Laie bin, überzeuge ich den Showmaster. Die Proben laufen an und eine junge Mädchentruppe aus Thailand wird engagiert. Darunter ist auch Korah, die Heldin aus meinem ersten Roman. Was macht Korah hier in meiner Show? Korah, die junge Ärztin aus Thailand, ist nicht der Typ, der in einer Show auftritt.

Dann passiert etwas Ungeahntes. Während der Aufnahmen kommt das Auto, in dem Korah sitzt, von der Straße ab. Es überschlägt sich und rollt über einen Abhang in die Tiefe. Der Schrottwagen landet in einem Sumpf und droht unter zu gehen. Ich eile herbei und rufe: „Korah". Nur ein Winseln ist zu hören. Ihr kleiner zierlicher Kopf schaut aus dem Sumpf heraus, ich stütze ihn mit beiden Händen damit sie nicht ertrinkt. Doch ich fühle, es ist zu spät, Korah wird sterben. „Korah was kann ich für dich tun?", frage ich verzweifelt. Die Antwort lautet: „Nichts, du hast alles für mich getan."

Dann stirbt Korah.

In den USA sagen die Menschen: „The Show Must Go On." Muss das wirklich sein? Kann ich in jeder Situation einfach so weitermachen? Diese Frage stelle ich meinen Zuhörern. Dazu gibt es natürlich sehr unterschiedliche Meinungen:

Durch meine Anfrage, bei Hans-Joachim Kulenkampff, wollte ich mich in die Show Welt integrieren, mir einen Namen machen, mein Buch berühmt werden lassen. Viel wichtiger aber ist doch was empfinde ich für den Menschen und was kann ich für ihn leisten? Das ist die Arbeit hinter den Kulissen, nicht die im Rampenlicht, in denen sich die Stars dieser Welt sonnen.

Korah sagte: „Du hast alles für mich getan." Meint sie damit, dass ich sie erschaffen habe, ihr einen Namen gab und durch alle Probleme leitete, bis sie endlich mit ihrem Michael glücklich wurde? Konnte sie daher so friedlich sterben? Mit einem „Danke" auf den Lippen? Wird Korah ewig leben, durch den Ruhm den sie erleben könnte oder dadurch, dass ich ihr Vorbild wurde und an den Menschen, den beladenen und bedrückten Menschen, Gutes tue?

„Beglückender ist Geben als Empfangen", so steht es in der Bibel. In dieser Aussage finden wir sehr viel Nützliches. Wenn wir jemanden ein Geschenk überreichen, sind wir schon sehr gespannt auf seine

196

Reaktion. War es das Richtige? Entspricht es seinem Geschmack? Wenn der Beschenkte uns um den Hals fällt und dabei vor Freude noch eine Träne vergießt, sind wir uns sicher: „Ich habe das Richtige für ihn ausgesucht."

Kein Wunder, ich habe es aus Liebe getan! Die Liebe ist das stärkste Band zwischen Menschen. Väter lieben nun mal ihre Kinder. Meine Bücher sind mir wie meine eigenen Kinder. Sie liegen mir am Herzen. Sie bereiten mir Freude.

Hochzeitstag

Dieser Tag ist tatsächlich „hoch". Mitten in der Woche hat sich meine Frau zum Besuch angesagt, trotz ihrer schweren Krankheit. Mein Schwiegervater bringt sie und die Kinder heute zu mir. Ich überlege, warum ausgerechnet heute und nicht am Sonntag, am regulären Besuchstag.

Und dann kommt es mir wie aus heiterem Himmel, heute ist unser Hochzeitstag. Den hätte ich in all dem Trubel fast vergessen, zum wirklich ersten Mal in all den Jahren. Glücklicherweise fällt der Gymnastiktermin heute Vormittag aus. So habe ich Gelegenheit in die Stadt zu laufen, um Einkäufe zu erledigen.

In der Klinik wird es nicht gern gesehen, wenn Patienten auf ihren Zimmern Besuch empfangen. Da allerdings mein Mitbewohner bereits ausgezogen ist, decke ich liebevoll einen Kaffeetisch mit einigen Geschenken für meine Frau. In meinem Zimmer sind wir doch ungestörter, als im großen Aufenthaltsraum. Der Vormittag vergeht rasend schnell. Als meine Familie eintrifft, bin ich gerade mit den Vorbereitungen fertig. Schnell noch das Kerzenlicht angezündet und der Hochzeitstag kann beginnen.

Auch unsere Kinder haben sich für uns eine

Überraschung ausgedacht. Sie schenken uns zwei Sektgläser und ein haben Gedicht geschrieben. Mein neunjähriger Sohn meinte natürlich, dass zu den Gläsern auch eine Flasche Sekt gehöre, die er freudestrahlend auspackte.

Als ich ihm erklärte, dass alkoholische Getränke in diesem Haus verboten sind, klopfte es an der Tür. Ich erschrak. Die Reaktion meines Sohnes: „Papa, mach schnell den Schrank auf". Dann stellte er seine Trophäe sicher, noch bevor die Tür aufging. Ausgerechnet jetzt kam eine Schwester mit einer Neueinquartierung. Die Feier war vorbei.

Ich bitte meinen Junior, die Flasche und die Gläser wieder mit nach Hause zu nehmen. Die Kinder dürfen einmal am Sekt nippen, um festzustellen, ob sie auch eine gute Wahl getroffen haben. Was sich heute sonst noch ergibt, werde ich nicht mehr für meine Frau aufschreiben, da sie ja heute der Hauptgast ist und alles live miterlebt. Vielleicht nur noch eines: „Ich liebe Dich." Das war unser erster Hochzeitstag in der Fremde.

Eine neue Ärztin

Meine zugeteilte Ärztin hat sich beruflich verändert und die Klinik verlassen. Wieder muss ich mich an ein neues Gesicht gewöhnen und alles von Neuem erzählen.

Nach der Gymnastik eile ich wieder schweißgebadet über den Hof zur Visite. Keine Zeit zum Umziehen. Die Termine sind heute sehr dicht gelegt.

Wir führen lediglich ein kurzes Vorstellungsgespräch zum gegenseitigen Kennenlernen. Das eigentliche Gespräch findet erst in der nächsten Woche statt. Es wird gleichzeitig mein letztes sein. Damit sind bereits alle Weichen für meine Entlassung gestellt. Es gibt keine Verlängerung im Freizeitpark für die Psyche.

Was die neue Ärztin wissen muss steht in ihren Akten. So erübrigt es sich, alles noch einmal zu erzählen. Während eines Gespräches kann niemand ein umfassendes Vertrauen aufbauen. Mir wird bewusst, dass dies auch nicht mehr nötig ist. Ich habe meine Erkenntnisse gewonnen und meine Entscheidung getroffen.

Damit ist der Grundstein für die Zukunft gelegt, einer von vielen, die noch folgen werden. Ein Haus wird für gewöhnlich nicht an einem Tag erbaut. Es braucht Zeit und Mitarbeiter. Der Architekt mag ein sehr schönes Haus in allen Einzelheiten planen. Für die Ausführung jedoch braucht er geschultes Personal, Fachleute.

Wenn wir auch noch so geschickt sind, hin und wieder brauchen wir alle einmal Hilfe. Diese mir gebotene Unterstützung im „Safaripark für die Psyche" nehme ich heute gerne an.

Gemeinsam errichten wir ein stabiles Haus, das später einmal starke Winde, vielleicht sogar Stürme aushalten muss. Unser neues Heim für die Familie wird hohe Wände haben, die Schutz vor Einbruch und Diebstahl bieten. Es wird ein Dach mit einem großen Fenster haben, das uns Perspektiven für die Zukunft zeigt.

Architekten, Maurer, Gipser oder Installateure, lasst euch eines gesagt sein: Nach dem Richtfest werde ich diesen interessanten Vergnügungspark gerne wieder verlassen. Für das gemeinsame Bauen bin ich dem geschulten Personal dieser Klinik sehr dankbar. Was aber die liebevolle Inneneinrichtung meines Herzens betrifft, dafür habe ich ganz spezielle Mitarbeiter, meine Familie.

Gerade habe ich meinen zweiten Bären für eine Mitpatientin fertig gestellt. Inzwischen könnte ich viele Aufträge von neu gewonnenen Freunden annehmen. Aber die Zeit dazu reicht nicht mehr.

Zum Abschluss meiner Tonarbeiten mache ich mir erneut einen Elefanten, denn nun möchte ich Unterschiede herausfinden. In der Töpferwerkstatt habe ich vor Wochen mit einem Elefanten begonnen, der zwar von allen gelobt wurde, aber noch sehr ungenau war. Mit neuen Erkenntnissen und einer jetzt geübten Hand, modelliere ich einen zweiten Elefanten. Fortschritte sind tatsächlich erkennbar.

Mit diesem neuen Projekt steigert sich auch mein Selbstwertgefühl. Die beiden Elefanten werden mich in Zukunft immer daran erinnern, wie jeder sich selbst steigern kann. Man darf nur nicht aufgeben.

Obwohl wieder Wochenende ist, bin ich heute nicht allein in der Werkstatt. Eine junge Studentin hat ebenfalls sehr erfolgreich einige Tonarbeiten erstellt. Auch bei ihr steht Perfektion im Vordergrund, wahrscheinlich noch mehr als bei mir selbst. Jeder Punkt, jeder Strich muss absolut stimmen. Jede

Unebenheit stört und bringt laute Selbstkritik hervor. Das Töpfern scheint hier kein Hobby zu sein, sondern eine Pflicht.

Dieses Phänomen habe ich bereits bei einigen jungen Menschen beobachtet. Sie denken während ihrer Selbstkritik immer wieder an ihre Eltern, die ihre Kinder oftmals unter einen unmenschlichen Leistungsdruck setzen. Sie haben Angst zu versagen, obwohl sie alles geben und sich kaum Freizeit gönnen. Sie haben verlernt, sich das Leben zu nehmen und nun flüchten sie vor allem, was ihnen fremd ist.

Die junge Studentin hat schon wochenlang das Haus nicht mehr verlassen. Ich habe sie noch nie im Aufenthaltsraum gesehen. Gerade mal zu den täglichen Mahlzeiten ist sie kurz anwesend und natürlich zu ihren speziell zusammengestellten Therapien. Ganz langsam, Schritt für Schritt, lernen diese Menschen wieder einkaufen zu gehen. Das ist ein Bestandteil der Therapie. In die Stadt gehen, einkaufen und mit dem Ergebnis wieder zurück in die Klinik kommen. Was vielen Menschen Freude bereitet, ist hier Schwerstarbeit.

Nur langsam entwickelt sich zwischen uns ein Gespräch. Sie erzählt mir von zu Hause, ihren Eltern, ihrem Studium und ihrer kleinen Zweizimmerwohnung, in der sie ständig Angst hat. Nun muss sie ausziehen, in eine andere Wohnung. Während viele Menschen hier nur Möbel transportieren, wird diese Studentin einen ganzen Berg überwinden müssen.

Hass und Liebe

Heute bringt die Studentin ihre einzige Freundin mit in die Töpferwerkstatt. Auch sie hat sich bisher nicht aus ihrem Zimmer gewagt und soll hier nun etwas aus sich herauskommen.

Die neunzehnjährige Frau ist sehr dünn. Ist sie eventuell magersüchtig? Offen spricht sie mit ihrer Freundin über ihre Probleme, obwohl ich am Nebentisch sitze und arbeite.

Dann fällt mir auf, dass ihre Pulsadern vernarbt sind. Vor einigen Wochen hat sie versucht, sich das Leben zu nehmen, diesmal allerdings buchstäblich. Seitdem ist sie hier in der Klinik. Wieder ein Gast unseres großen Freizeitparks.

Das Verhältnis zu ihren Eltern scheint stark gestört zu sein. Hass vermischt sich mit Angst. Angst, das Leben allein meistern zu müssen. Doch dann berichtet sie von ihrem Freund und seiner liebevollen Unterstützung im Kampf um Anerkennung von den Eltern. Die Liebe beflügelt, sie vergibt, sie vereint. Welche Kraft wird sich als stärker erweisen? Im Interesse meiner jungen Mitpatientin hoffe ich auf die Liebe.

Viele Menschen haben Neurosen, die angeblich ein Schutz sein sollen. Doch bei jedem wirkt sich die Neurose anders aus. Während ich zwanghaft zeichne, haben zwei aus unserer Gruppe Angst Briefe zu öffnen. Wochenlang bleibt die Post liegen, ungeöffnet in einer Plastiktüte, die zur Sicherheit noch in eine Schublade eingeschlossen wird. Um dieses Möbelstück wird dann ein großer respektvoller Bogen gemacht. Viele Neurosen, die Erwachsene durchleben, sind noch ein Überbleibsel ihrer Kindheit, die hier nun aufgearbeitet wird.

Thomas (Name wieder geändert) schildert: „Ich bin nicht mehr lebenstauglich. Obwohl ich kreativ bin und finanziell gut dastehe, kann ich mein Leben als Frührentner nicht genießen. Ich verurteile mich. Klage mich selbst an. Mein Problem: Als Kind suchte ich Liebe und bekam sie nicht. Dann terrorisierte ich meine Familie, um auf mich aufmerksam zu machen.

Meine Eltern sagten genervt: „Du bist nicht unser Kind, man hat dich im Krankenhaus vertauscht." Thomas bekam dann Mädchenkleider angezogen. Seine Eltern ließen ihm lange Haare wachsen, weil der Wunsch nach einem braven Mädchen immer größer war, als nach einem kleinen Lausbuben.

Thomas kann Glücksempfindungen heute nicht mehr genießen. Er kennt sie nicht und fühlt sich nur noch schlecht. Obwohl er viele Fähigkeiten hat, persönliche und berufliche, kann er sie nicht mehr einsetzen.

Sein Gesichtsausdruck ist verbissen und verkrampft. Die Stirn ist ständig in Falten gelegt, die Augen haben einen starren Blick. Was verbirgt sich hinter dieser Fassade?

Günther berichtet ebenfalls von seiner Kindheit und sagt: „Ich kann nicht „Papa" sagen. Immer hatte ich das Gefühl, ich bin nicht erwünscht. Wahrscheinlich bin ich nur adoptiert und irgendwo in der weiten Welt lebt mein richtiger Vater, der mich nicht einmal kennt." Heute möchte Günther mit seinem Vater darüber sprechen, aber er kann nicht.

Irgend etwas blockiert ihn. Er sagt: „Ich habe keinen Groll gegen meinen Dad. Auch er hat seine Probleme. Heute verstehe ich sie besser, als je zuvor. Doch ich habe panische Angst, dass er stirbt und ich nicht einmal „Papa" zu ihm sagen konnte." Es ist erstaunlich, aber hier kämpfen Männer mit den Tränen.

Jürgen holt tief Luft und schaltet sich in die Diskussion ein: „Mir geht es genauso. Ich kann auch nicht „ Papa" sagen. Er hat mich misshandelt. Heute ist in mir alles blockiert, doch unser Verhältnis hat sich gebessert."

„Welches Verhältnis?", fragt der Therapeut. Auch

Jürgen hat das Gefühl, er sei nicht der leibliche Sohn. Jedes Gespräch zu diesem Thema wird vom Vater abgeblockt. Daher hat er bis heute noch keine Antwort auf seine vielen Fragen.

Einem weiteren Mann geht es ähnlich: Nach der Scheidung seiner Eltern wirft sein Vater Andreas vor: „Du bist nicht mein Sohn". So verliert auch dieser Mensch den Boden unter seinen Füßen. Auch er verliert das Wort „Papa" aus seinem Sprachschatz. Jeder dieser Berichte erfolgt unter großen emotionalen Schmerzen. Über den Wangen dieser Männer laufen Tränen. Ein leises Schluchzen und schweres atmen ist zu hören. Viele Probleme kommen aus der Kindheit und wir wollen oft dorthin zurück. Frei sein, die Kindheit nachholen, weil wir sie nie richtig hatten.

Wie können wir Männern helfen, die noch in ihren Kinderschuhen gefangen sind? Ein GSG-9 Mann, der nach einer Terrorausbildung gefährliche Einsätze miterlebt hat, ist nun völlig ausgebrannt, am Ende. Mutig hat er Kämpfe bestritten. Vor Nichts und Niemanden Angst gehabt. Oft hat er Kämpfe bis zur völligen Selbstaufopferung ausgetragen, in denen er sein Leben riskierte. Das war ihm egal. Wenn es vorbei ist, ist es eben vorbei. Lieber heute als morgen. Jetzt sitzt er unter uns, in einer Gruppe von Leidenden.

Woran ist dieser tapfere Mann gescheitert? Etwa an seinem schweren Beruf? Ganz bestimmt nicht! Seine

Entscheidung, gegen den Terror zu kämpfen, ist nichts weiter als eine Flucht. Er floh von einer großen Katastrophe in eine kleinere, eine die er ertragen konnte. Was er nicht ertrug war die Vergangenheit, seine Kindheit.

Die Zeit, in der er Angst hatte „Papa" zu sagen, weil er keine Bindung zu seinem Vater hatte. Kälte! Frust! Einsamkeit! Dann stellt sich der Mensch paradoxerweise einer viel „einfacheren" Aufgabe. Er übernimmt jetzt ein Terrorkommando!

Der schwere Vormittag ist vorbei. Nun entspanne ich mich an meinem letzten Töpferwerk. Ich werde es noch heute beenden. Dann ist erst einmal Schluss mit dem Töpfern. Ich habe keine Lust mehr, etwas Neues anzufangen. Der gut gelungene Elefant muss trocknen und kommt anschließend in den Ofen. Meine Arbeit im Safaripark der Psyche ist getan.

A lles noch einmal von vorn. Mit diesen altbekannten Tatsachen möchte ich nun wirklich niemanden mehr langweilen. Ende!

Gedanken

W enn man immer wieder auf neue Ärzte trifft tauchen einige Überlegungen auf: Der Allgemeinmediziner überweist mich an einen Facharzt, der mich noch gar nicht kennt. Er mustert seinen neuen Patienten und fragt dann: „Was fehlt ihnen?" Dann denke ich oft: „Was mir fehlt ist meine Gesundheit. Doch was ich habe weiß ich gar nicht so genau."

Natürlich weiß ich, dass ich Kopfschmerzen habe oder mir der Rücken schmerzt, doch was mich interessiert ist die Frage: „Woher kommen diese Schmerzen?" Der Facharzt rümpft die Nase und sagt: „Machen wir mal ein CT." Jetzt geht es in die Röhre. Viele haben damit ein Problem, so wie ich auch. Enge Räume, Platzangst! Während sich auf meiner Stirn die ersten Schweißperlen bilden, frage ich mich, woher es kommt, dass viele diese Untersuchung einfach problemlos wegstecken und andere dabei ins Schwitzen kommen?

Auch das mag ein psychosomatisches Problem sein, wie die ganze Geschichte und warum wir überhaupt hier sind. Am Ende der Untersuchung kommt heraus, dass mir nichts fehlt. Ein uraltes Spiel? Es ist zum Verzweifeln. Mir geht es wirklich schlecht. Ich plage mich mit Übelkeit herum, der ganze Körper schmerzt und der Arzt sagt mir: „Da ist nichts Gravierendes."

Damit meint der behandelnde Arzt natürlich, dass mir nichts Organisches fehlt. Nun komme ich erst recht ins Grübeln: „Das Organ, in diesem Fall mein Kopf, ist okay. Bin ich ein Hypochonder? Mir fehlt nichts, dennoch habe ich wahnsinnige Kopfschmerzen!"

Nun, ich bin kein Arzt. Daher kann ich für mich selbst keine Diagnose stellen. Meine Überlegungen auf dem Gebiet der Medizin können daher nur von sehr einfacher Art sein. Ich bin ein Leidender und weiß wie ich fühle. Daher kann ich nachvollziehen wie sich andere Patienten in dieser Lage fühlen.

Es gab Zeiten, da wurden kranke Menschen belächelt. Warum? Weil es für unser Leiden nichts Fassbares gibt. Niemand sieht dieses unsichtbare Leiden. Unsere Großeltern sprachen damals von Melancholie, im lateinischen von der melancholia, was so viel heißt wie, „Schwarzgalligkeit."

„Da kommt einem ja die Galle hoch!" Der griechische Arzt Hippokrates erklärte in seiner Viersäftelehre, dass sich ein Überschuss an schwarzer verbrannter Galle ins

Blut ergießt. Damit haben wir auch den griechischen Begriff Melancholie erklärt: „Melas" steht für „schwarz" und „cholé" für „Galle."

Über den Unsinn des Aderlasses als Heilverfahren muss ich nicht weiter nachdenken, da kommt einem wirklich die Galle hoch. Doch was ich von den Begriffen Melancholie, Schwermut, Schmerz, Traurigkeit oder Nachdenklichkeit mitnehmen, ist ein Bild.

Wenn ich mich in eine andere Welt zurückziehe, die mein Partner vielleicht nicht sieht, mag sie einfach sagen: „Mensch, blas doch keine Trübsal." Ohne es zu wissen, wurde damit der Nagel auf den Kopf getroffen. Trübsal oder Trübsinn bezeichnet genau meine momentane Stimmung.

„Mondaufgang über dem Meer" ist ein Ölgemälde auf Leinwand von Caspar David Fridrich aus dem Jahr 1822. Diese düstere Landschaft ist eine Metapher der Seele. Ich schaue mir dieses Bild einmal genauer an. Jetzt entdecke ich Parallelen:

Was früher die Melancholie war, wird heute schlicht und einfach „Depression" genannt. Ist auch nur so ein Wort. Es kommt von dem lateinischen Wort „deprimere" und bedeutet „niederdrücken". In einer negativen, niedergedrückten Stimmung verliere ich die Freude. Mein Selbstwertgefühl sinkt in den Keller. Die Leistungsfähigkeit nimmt ab.

Jetzt stelle ich mir vor, ich gehe mit Freunden auf eine

Party, obwohl ich überhaupt nicht in Stimmung bin. Dennoch gehe ich mit, es sind ja meine Freunde.

Von der Dunkelheit ins Licht bedeutet den Schalter umzulegen. In einem dunklen Zimmer drücken ich auf einen Knopf und plötzlich geht das Licht an. Ich bewundere Menschen, die dies so schnell hinbekommen.

Quäle ich mich notgedrungen zu der Party zu gehen, weil andere mich dazu auffordern, habe ich ein Problem. Ich entspreche den Wünschen meiner Freunde. Doch sind es auch meine eigenen Wünsche? Wenn „Ja", könnten ich in geselliger Runde auftauen, wenn „Nein", setze ich mich in eine dunkle Ecke und grüble über mein Leben nach. Nach der Party habe ich einen neuen Spitznamen: „Spaßbremse."

Menschen, die aus sich herauskommen, sich öffnen und in der Öffentlichkeit ihr Leben genießen, werden oftmals bewundert. Sie nehmen es leicht, sind locker drauf und haben ihren Spaß, während Sie über den Sinn des Lebens nachdenken.

Ich selbst bin kein großer Unterhalter. Ich habe es aber gewagt, unter Menschen zu gehen. Wenn ich nach Hause komme, lasse ich den Abend nochmals Revue passieren und stelle fest: „Ach, so schlecht war es eigentlich gar nicht. Sollte ich öfters machen."

Hier habe ich einen kleinen Sieg errungen. Ich kann auch von einem Etappensieg sprechen. Auch kleine Fortschritte bringen Freude. Sie werden mich motivieren auch noch die nächsten Schritte zu gehen. Vielleicht besuche ich mal wieder eine Party. Ach, apropos Party, was ist eigentlich aus dem Partyhelden geworden, den alle so bewundert haben? Er sitzt nach einer berauschenden Nacht völlig ausgelaugt zu Hause und heult. Dies ist nicht übertrieben. Vor einigen Stunden hat er Menschen unterhalten und belustigt. Er war der Partyheld. Zu Hause ist er völlig depressiv. Auch so etwas gibt es.

Die Depression oder das Niederdrücken bedeutet Verlust. Wir haben vieles verloren. Vor allem die Freude! Ich erinnere mich daran, was mir früher Freude bereitet hat. Kann ich diese alten Gefühle wieder ausgraben? Zugegeben, graben ist eine anstrengende Sache, doch es lohnt sich. Wer seinen Schatz findet, wird reich belohnt werden.

Was erzähle ich meinem Arzt in der nächsten Sprechstunde? Ein Psychologe hört zu und macht sich Notizen. Er erklärt: „Ein Leiden ist nicht heilbar." Was mache ich hier eigentlich? Hier bin ich zum Lernen. Gelernt habe ich mir selbst zuzuhören. Was sagt meine innere Stimme? Wie geht es meinem Herzen? Eine hilfreiche These hat mich sehr viel weiter gebracht, als dauernde Arztbesuche: Höre aufmerksam zu, sei ein guter Zuhörer.

Wenn ich einen Krankenbesuch mache, möchte ich gern den kranken Menschen aufbauen, ihn ermuntern.

Viel zu schnell verfallen wir in einen Redeschwall und stellen nach dem Besuch fest, dass wir so richtig ausgepowert sind. Dann habe ich es ganz anders gemacht. Ich habe Fragen gestellt. Nicht unbedingt die Standartfrage „Wie geht es Dir"? Einer kranken Person geht es schlecht. Darum bin ich ja hier und besuche ihn. Gefragt habe ich nach seiner Jugend, nach seinen Kindheitserlebnissen. Erst haben sich die Kranken gefragt, was das soll? Nur langsam haben sie angefangen zu erzählen.

In der zweiten Runde waren sie im Mittelpunkt und nicht mehr ihre Krankheit. Sie erinnerten sich an schöne Zeiten, die sie mir glanzvoll schilderten. Was machte ich? Ich hörte nur zu! Am Ende des Gesprächs oder besser gesagt nach der Geschichte des Patienten wurde mir oft gesagt: „Das war aber ein netter Besuch. Du hast mich richtig ermuntert." Darüber staunte ich am meisten. Im Grunde genommen hatte ich nichts gemacht: nur zugehört!

Ich lernte zuhören. Zunächst hörte ich anderen zu, dann lernte ich, mir selbst zuzuhören. Heute bin ich vielleicht eine „Spaßbremse" mit pochenden Kopfschmerzen und krampfhaften Schweißausbrüchen. Das bin ich für Außenstehende. Doch was bin ich innerlich? Hier gibt es ganz andere Vorstellungen. Lebendige Phantasien, Freude pur. Achterbahn der Gefühle. Es geht aufwärts, ich sehe in die Ferne und verschaffe mir einen Überblick. Dann geht es wieder abwärts, mit einem kribbeln im Magen. Das heißt, ich lebe.

Nach dem Zuhören lernte ich, eine weitere Variante zur Freude zurückzukehren. Der Psychiater macht sich Notizen, damit er sich in Erinnerung rufen kann, was mich bewegt. Warum es nicht selbst aufschreiben, was mich bewegt, wie ich fühle, warum es mir schlecht geht und auch, warum es mir gut geht. Wenn ich die Gründe eines Gefühls kenne, kann ich dieses Gefühl viel besser bewerten.

Nichts Anderes macht der Arzt. Er bewertet mich, wenn er auch nicht immer darüber spricht. Er bildet sich eine Meinung. Nun bilde ich mir selbst einmal eine Meinung. Ich weiß doch am besten, wie es mir geht. Ich weiß, wann es mir schlecht geht und wann gut. Was ich oft nicht weiß, ist das „Warum"? Wenn ich das noch herausfinden kann, bin ich auf dem besten Wege mir selbst zu helfen. Viel Glück Burke Hops!

Väter und Söhne (Gruppengespräch)

Können Männer auch schwach sein und weinen? Diese Frage soll heute diskutiert werden. Anscheinend hat unsere letzte Besprechung auch die Frauen dieser Gruppe berührt. Sie wollen wissen, wie diese Männer, die nun selber Väter sind, zu ihren eigenen Kindern stehen?

Können diese Männer ihre Kinder lieb haben oder haben sie eher ein distanziertes Verhältnis zu ihren Nachkömmlingen? Ich denke, diese Frage wird jeder für sich selbst anders beantworten. Warum haben manche Kinder ein gestörtes Verhältnis zu ihren Eltern? Liegt es etwa daran, dass ihre Väter und Mütter ebenfalls schon vorbelastet waren und mit ihrem eigenen Leben nicht klarkamen?

Ist es notwendig, dass man dieses Übel immer wieder überträgt und es an seine Nachkommen weiter gibt? Ich denke entschieden „NEIN!" Unter die Vergangenheit muss ein Schlussstrich gezogen werden. Wer Probleme mit sich und seinen Eltern hat, muss dies unbedingt in den Griff bekommen, zum Wohle seiner eigenen Kinder.

Lassen wir niemals unsere eigenen Kinder für etwas büßen, was wir selbst als Kind vermisst haben. Diese Rollenübertragung muss irgendwann einmal ein

Ende haben. Schluss damit. Meine Kinder werden es mir danken. Behandle Kinder so wie ich gerne in meiner Kindheit behandelt worden wäre. Damit gehe ich einen schweren aber souveränen Schritt.

Ich erlebe meine eigene Kindheit neu, so wie sie sein sollte, so wie ich es für meine eigenen Kinder wünsche. Wenn ich die Kraft dazu entwickle, wenn das Schwache in mir stark wird, dann ist das auch keine Täuschung, keine Verschleierung meiner eigenen Kindheit. Es wird nichts besser nur, weil ich etwas verdränge. Ich bin nun selbstbewusst und lernfähig. Dass was ich selbst erlebt habe, sei es noch so schlimm, möchte ich nicht in meine Familie übertragen. Damit nehme ich die Vergangenheit lediglich als eine Erfahrung hin, die wirklich niemand erleben sollte, die mich aber stark gemacht hat, zum Schutz meiner Kinder.

Oftmals nehmen sich Mütter und Väter vor: niemals so zu werden, wie ihre eigenen Eltern. Sie haben es gehasst, wenn ihr Vater betrunken war, oder sie von Ihrer Mutter im Rausch geschlagen wurden.

Unter Tränen kam die Entschuldigung: „Kleines, ich mach das nie wieder". Der Partner hat das nicht mehr ausgehalten und ist einfach gegangen. Derjenige, der zurückbleibt, greift wieder zur Flasche. Das Spiel von gestern wiederholt sich. Der stärkere Part der Familie hat die Flucht ergriffen, das schwache Glied, hier das Kind, muss bleiben und übernimmt verfrüht eine große Verantwortung, an der es zerbricht.

„Wenn ich mal erwachsen bin, mache ich alles besser". Oftmals stellen wir fest, dass die Geschichte sich wiederholt. Es liegt aber nicht daran, dass wir alle schlechte Menschen sind. Ganz im Gegenteil! Wir sind mitfühlend, sozial, auf andere fixiert.

Viele Menschen suchen sich merkwürdigerweise immer wieder einen Partner, der ein Problem hat. Sie müssen helfen, dieser Gedanke hat sich in Ihrer Kindheit festgesetzt.

Als Erwachsene hören wir oftmals einen weit bekannten Spruch: „Immer falle ich auf denselben Typ Mensch rein"! Das zeichnet sie aus. Doch bevor man das Problem eines anderen beseitigen kann, muss man zunächst sein eigenes in den Griff bekommen.

Das „schwache", wird stark. Es beschützt meine Kinder. Mir wird klar, dass ich mich selbst beeinflussen kann, wenn ich nur will. Schwerer ist es, manchmal sogar unmöglich, einen anderen zu beeinflussen. Das trifft nicht auf unsere Kinder zu, denn die sind ja ein Teil von uns. Sie sind unsere Nachkommen.

Wenn ich aus meiner Schwäche eine Stärke gemacht habe, kommt dies meinen Kindern zu Gute. Sie wachsen in einer starken Vereinigung auf. Sie beenden den ewigen Kreislauf, das ewige Spiel, das sich immer wiederholt, wie wenn man aus Selbstmitleid zur Flasche greift.

Noch etwas ganz Erstaunliches wird sich am Ende dieses Weges ergeben. Irgendwann treffen Menschen auf einen Partner, der nicht derselbe Typ Mensch ist, auf den sie immer reingefallen sind. Sie treffen auf eine starke, ehrliche Person, der seinen Partner und die Kinder beschützt. Warum ist das so? Weil diese Personen inzwischen durch Erfolge ein Selbstwertgefühl aufgebaut haben und damit auf ihr Gegenüber eine ganz andere Ausstrahlung haben. Nun werden sie andere Menschen in Ihren Bann ziehen. Jeder ist seines Glückes Schmied – in diesem Sinne: viel Glück.

Neue Beobachtungen im Freizeitpark

Renate, eine Ärztin, die sich hier seit vielen Wochen als Patientin aufhält ist völlig ausgepowert. So geht es vielen, die in verschiedenen Pflegeberufen tätig sind. Pfleger und Krankenschwestern sind hier ebenfalls als Patienten anzutreffen. Nicht etwa, weil sie sich schämen müssten krank zu sein, sondern weil sie viel für andere fremde Menschen, geleistet haben.

Renate hat einen Freund, der sie nicht besucht, obwohl er als Psychologe wissen sollte, wie wichtig ihr dieser Kontakt ist. Oder bildet sie sich ein vertrautes Verhältnis zu ihm nur ein? Oder handelt es sich um ein Verhältnis, das schon lange nicht mehr existiert?

Mir scheint es fasst so. Diese vierzigjährige Ärztin leiht sich Geld, lässt ihre Haare frisieren, kauft sich ein Brautkleid und einen Biedermeierstrauß. Sie verkündet allen, sie wird heiraten. Die Schwierigkeit dabei ist, ihr angeblicher Verlobter weiß noch nichts davon. Er hat weder angerufen noch sie aus der Klinik abgeholt. Doch plötzlich ist sie verschwunden. Viel Glück, liebe Renate.

Nach zehn Wochen Freizeitpark ist er, der GSG 9 Mann, der körperlich und geistig voll durchtrainiert war und dann schlapp machte, einigermaßen fit. Auch er darf nach Hause, in der Hoffnung, dass er sein Leben nun meistern wird.

Marianne ist eine Wissenschaftlerin mit Doktortitel, hoch intelligent aber zurzeit völlig verstört. Sie ist erst wenige Tage hier und noch ganz abwesend. Alle um sie herum sind krank, sie selbst ist hier zur Erholung. Etwas ausruhen von der stressigen Arbeit. Dazu ist dieser Freizeitpark ja genau richtig. Marianne sorgt sich um andere Menschen, möchte jedem helfen und bietet vielen ihr Geld an. Auf diese Weise wird sie ausgenutzt und verliert sehr viel, nicht nur ihr Geld, auch ihr Vertrauen in die Menschen schwindet.

Zu ihrem eigenen Schutz wird ihr Geld eingezogen und jeden Tag neu zugeteilt, gerade so viel, wie sie für den Tag benötigt. Sie müsste dringend mit ihrem Auto nach Hause fahren und nach dem Rechten schauen. Sie traut ihren Eltern und ihrer besten Freundin nicht mehr, die alle einen Schlüssel zu ihrer Wohnung haben. Sie traut niemand mehr. Das Schlimmste aber ist, sie traut nicht einmal mehr sich selbst. Das Selbstvertrauen ist verschwunden. Es erfordert große Anstrengungen, es wieder zu erlangen.

Ein Mensch mit einem großen Herzen, unermüdlich tätig in den Laboren eines Großkonzerns ist gescheitert. Gescheitert an den Menschen und an sich selbst. Jahrelang war sie für andere Menschen tätig, jetzt braucht sie die anderen. Es ist keiner mehr da, nur die

Kranken in diesem Freizeitpark und mit diesen kann sie noch nichts anfangen. Sie hat ihre eigene Krankheit noch nicht akzeptiert.

Zwei, drei Wochen Erholung werden nicht ausreichen. Hier und heute beginnt ein jahrelanger Prozess.

Ich habe Menschen getroffen, die vor wenigen Tagen oder Wochen noch unauffällig in meiner Nachbarschaft leben konnten. Menschen, die ich als ganz normale Bürger angesehen habe und das sind sie auch. Doch sie haben etwas zu verbergen, nämlich ihre momentane Schwäche.

Sie sind nicht etwa in einer psychosomatischen Klinik, nein, weit gefehlt. Sie alle sind in der Kur, im Safaripark der Gefühle. Noch nie habe ich einen Bekannten sagen hören: „Ich gehe in die Psychiatrie?" Gerade das wäre ihre größte Hilfe, wenn sie es offen aussprechen könnten, auf offene Ohren stoßen und auf Menschen die dafür   Verständnis haben, ohne dass sie belächelt werden. Nur eine einzige Stresssituation, mit der sie nicht fertig werden kann ungeahnte Reaktionen auslösen.

So ging es mir vor fast zwei Jahren, als ich noch mitten im Berufsleben stand. Ich machte meinen täglichen Gang zur Bank und überquerte dabei eine Straße. Mitten auf dem Zebrastreifen hörte ich dann ein erbärmliches Quietschen. Ein Auto von links kommend, konnte gerade noch bremsen. Es gab ein Krachen und Scheppern. Ein anderes Auto fuhr von rechts auf das erste auf und schob es noch weiter gegen meinen Körper.

Bevor ich richtig reagieren konnte, gab es ein erneutes Pfeifen und Reifen quietschten. Beide Autos rasten an mir vorbei und waren nicht mehr gesehen.

Wochenlang war ich unsicher auf der Straße. Ich konnte selbst kein Auto mehr fahren. Mein Körper zitterte an jeder Kreuzung. Wie vernebelt lief ich durch unsere kleine Stadt. Zugegeben, meine Probleme sind viel älter und liegen ganz wo anders, doch das war ein schockierender Moment der mein Leben veränderte. Niemand ist davor gefeit, wenn sich sein Leben von heute auf morgen drastisch verändert.

In dieser Situation muss ich nicht in die Verbannung gehen. Ich führe auch kein Einsiedlerleben. Inzwischen habe ich gelernt offen zu meinen Freunden zu sein. Wahre Freunde werden mir helfen diesen Kampf zu gewinnen, auch wenn er manchmal sehr schwer sein mag.

Ich schaue mir einen mächtigen und starken Elefanten an, im Film, im Zoo, oder meinen selbstgeformten Dickhäuter. Sie fühlen sich nur in der Herde so richtig wohl. Dort schützen sie auch ihre Kleinen. Sondert sich ein alter kampferprobter Haudegen einmal ab, tut er dies in der Regel um sich niederzulegen und in der Einsamkeit zu sterben.

Beim Sterben hat keiner gern Beobachter. Das Leben lässt sich aber mit so vielen teilen. Teilen heißt, ein Stück von sich geben, aber auch, etwas zu bekommen. Schutz, Geborgenheit und Anerkennung finden wir nur im Miteinander, niemals im Gegeneinander oder in der Apartheid. Machen wir die Menschen, die Geborgenheit suchen, nicht zu Sklaven. Leisten wir alle unseren Beitrag, damit diese Menschen frei sein können, ohne ihre Persönlichkeit zu verlieren.

Eine kleine Auseinandersetzung

Bisher habe ich mir immer eine eigene Meinung gebildet. Aber ich habe sie nicht immer geäußert, aus Rücksicht auf andere und auch, um unangenehmen Situationen aus dem Wege zu gehen.

Tobias, ein Neuankömmling, erhält hier gleich am ersten Tag einen Spitznamen: Baggerführer. Dieser Name kam von Jürgen. Er beobachtete, wie Tobias alle Frauen dieser Klinik anbaggerte. Der etwa 30-jährige baut im Aufenthaltsraum eine Stereoanlage auf und spielt laute Musik, die nicht unbedingt allen gefällt. In meinen Augen ist er ein Angeber, ein großer Sprücheklopfer. Ein Mensch, den ich absolut nicht leiden kann. Dennoch komme ich auch mit ihm ins Gespräch. Nun geschieht etwas, was ich nie für möglich hielt.

Ich denke mir nicht nur meinen Teil, ich äußere ihn auch: „Tobias, in meinen Augen bist du nur ein Sprücheklopfer. Aber das ist alles nur Fassade. Nach außen hin spielst du hier den King, der in dieser Klinik nur Urlaub macht und dann an seine tolle Arbeit zurückkehren will. Doch in Wirklichkeit bist du total verklemmt. Deine Sprüche sind nur Schutzschilde, die du anderen vorhältst, damit sie dich nicht durchschauen.

Du bist ein armer Kerl."

In dieser Art habe ich noch nie mit jemandem gesprochen. Nicht so provozierend. Ich war schon auf eine Gegenreaktion eingestellt. Dieser Mann, der hier pfeifend durchs Haus geht und vor Selbstsicherheit nur so sprüht, wird mir gleich seine Meinung an den Kopf schleudern. Doch er lächelt nur und sagt: „Du hast Recht!" Dieser Satz haute mich förmlich um. Ich hatte ihn durchschaut und er gab es zu.

Obwohl wir beide sehr unterschiedlich sind kommen wir uns näher. Viele interessante Gespräche warten auf uns. Wir lernen voneinander. Ist ein offenes Wort nicht Gold wert? Von heute an werde ich öfters einmal anders reagieren.

Das heißt nicht, dass jemand das Recht hat, seinen Gesprächspartner zu beleidigen. Jeder hat seine Würde, die soll er auch behalten. Aber ein offenes und ehrliches Wort muss nicht zerstören. Ganz im Gegenteil. Es eröffnet neue Gesichtspunkte, schafft Freundschaften und belebt unsere so gestresste Gesellschaft, die ohnehin nur auf Lug und Trug aufgebaut ist.

Lockern wir sie ein wenig auf, indem wir miteinander die Wahrheit reden, Rücksicht aufeinander nehmen und uns hin und wieder einmal in die Lage unseres Gesprächspartners versetzen, sofern dies überhaupt möglich ist. Verständnis für andere, bringt uns einen großen Schritt weiter. Uns alle!

Haben wir auch Verständnis für uns selbst? Verurteilen wir uns, weil wir so sind wie wir sind? Nachdem ich Tobias zunächst verurteilte, für seine überhebliche, gönnerische Art, lernte ich ihn später, durch Gespräche, zu verstehen. Nun begann ich selbst das zu entschuldigen, was ich ihm vorwarf. Ich hasste diese Überheblichkeit! Doch dafür gab es einen Grund, dafür ist er ja hier.

Als ich diesen Punkt erkannte, beschäftigte sich Tobias mit mir. Er lernte mich besser kennen und begann nun meine negativen Gedanken und Gefühle zu entschuldigen. Er versuchte mich zu verstehen und ich ihn. Dadurch wurden wir gute Gesprächspartner. Es entwickelte sich eine Freundschaft.

In dieser Situation überkam mich eine tiefgreifende Erkenntnis: Alles und jeden versuchte ich zu verstehen! Manchmal ist das schon nervig. Ein Arbeitskollege sagte einmal zu mir: „Du bist ein netter, sympathischer Kerl, aber tu mir mal einen Gefallen: Versuch bitte nicht immer alles und jeden zu verstehen. Warum z.B. ist El Lute ein Mörder? Aus welchen Verhältnissen stammt er? Das ist mir völlig egal. Er ist ein Dieb und Mörder!"

Diese Erinnerungen bringen mich weiter. Hierbei wollen wir nicht über die Schuld oder Unschuld eines Verbrechers verhandeln. Es geht allein um das Verstehen. Verständnis für jemanden aufzubringen ist eine Gefühlsangelegenheit. Ich bekunde Mitgefühl, ich verstehe dich. Dieses Verständnis und das dazugehörige Mitgefühl bewegen uns zu vergeben.

Endlich lernte ich auch mich selbst zu verstehen. Jeder hat seine Geschichte, seine Wurzeln. Dies könnten schon Gründe dafür sein einen bestimmten Weg zu gehen. Man entschuldigt sich, wenn man sich verlaufen hat. Nun gut, ich brauche für mich selbst Gefühle, aber ich muss mich nicht selbst bemitleiden. Dies würde mit Sicherheit in eine falsche Richtung laufen.

Der Lerneffekt ist ein anderer: Wenn ich in mich hineinhorche, erkenne wer ich bin und meine Wurzeln sehe, dann muss ich einen Weg nicht unbedingt bis zum Ende gehen. Ich kann abzweigen. Auch wenn ich in der Vergangenheit Fehler gemacht habe, bin ich dennoch nicht wertlos. Es gibt keinen Grund für ein Gefühl der Wertlosigkeit, das zu Depressionen führt.

Hin und wieder stempeln andere uns als wertlos ab. Die Eltern, Freunde oder sogar der Ehepartner. Was dann? Wir könnten dem nachgeben. Dadurch fallen wir selbst aber in ein tiefes Loch.

Es geht nicht darum, wer Recht hat. Als Kind lassen wir beim Geschirrspülen einen Teller fallen. Die Mutter sagt während wir ganz betrübt aussehen: „Das kommt vor. Kann jedem passieren. Pass das nächste Mal einfach besser auf." Freudestrahlend fegen wir nun die Scherben auf ein Kehrblech und werfen sie weg. Vergessen, vergeben, vorbei.

Was ist aber wenn unsere Mutter ganz anders reagiert. Wir bekommen erstmal eine Ohrfeige und dann die Belehrung: „Du bist doch ein Tollpatsch. Zu blöd zum Geschirrspülen." Diese oder ähnliche Aussagen hören wir jedes Mal, wenn uns ein derartiges Missgeschick passiert. Nun setzt sich in uns folgender Gedanke fest, der uns ein Leben lang verfolgen mag: „Ich bin der Versager. Nichts gelingt." Das verfolgt uns unser Leben lang. Wenn später unser Ehepartner ähnliche schmeichelhafte Worte aufbringt, fühlen wir uns sicher bestätigt.

Nichts wurde bestätigt. Ich habe lediglich einen Fehler gemacht. Meine Eltern haben Fehler gemacht, mein Ehepartner macht Fehler. Warum sollte ausgerechnet ich keinen Fehler machen? Bin ich ein Übermensch? Dann würde man mich dafür kritisieren. Also, mich auf einen Fehler aufmerksam zu machen, ist nicht das Übel. Tagtäglich werden wir alle auf Fehler aufmerksam gemacht. Das Übel des Problems liegt viel tiefer: „Du Tollpatsch, du bist nichts wert!"

Hier gilt es so schnell wie möglich auszubrechen. Was andere mir mit den Worten: „Du bist nichts wert" eingeredet haben, muss ich vergessen. Ich gestehe mir selbst Fehler ein. Diese Einsicht zu lernen bringt mich auch weiter. Übernehmen wir niemals die Aussage: „Ich bin nichts wert!" Damit entschuldige ich das Verhalten meines Partners oder meiner Eltern, sollte das Problem wie so oft in der Vergangenheit liegen. Nun muss ich mich bei mir selbst entschuldigen.

Entschuldigen kommt von Schulden. Es wird oft zu einer großen Belastung, wenn ich jemandem etwas schulde, z.B. der Bank eine Menge Geld. Wie frei und unbelastet bin ich dagegen, wenn die letzte Rate bezahlt ist? So lange ich die Schuld der Wertlosigkeit mit mir herumschleppe, kann ich nicht frei sein. Nochmal: Ich entschuldige mich bei mir selbst.

Ich verstehe andere. Schön! Ich vergebe anderen. Gut! Ich verstehe mich und lebe. Hervorragend!

Lange Gespräche

Wer hätte das gedacht. Bei einem Glas Wein sitze ich bei Tobias und seinen neu gewonnen Freund, der viel jünger ist als er selbst. Er hat Angst vor einer neuen Partnerschaft. Ihm ist schon einmal eine Frau kurz vor der Hochzeit weggelaufen, nachdem er für sie ein schönes Haus eingerichtet hatte.

Über seine Freundin kommen wir zu meiner Familie. Der Gedankenaustausch tut gut. Tobias versteckt seine Hemmungen und äußert sich sehr frei. Er gibt mir Ratschläge, ebenfalls alles offen zu sagen, so, wie an dem Tag, als wir uns kennen lernten.

Ich denke viel über diese Gespräche nach. So komme ich zu der Überzeugung, den Mittelpfad zu wählen. Zu frei zu sein, ohne Hemmungen und Grenzen, liegt nicht in meinem Naturell. Verkrampft und blockiert zu sein, wäre das andere Extrem.

Der letzte Sonntag

Heute denke ich noch einmal über die vergangenen sechs Wochen nach. Ich hatte mich gelockert und bin dann nochmals tief gefallen. In der Klinik bin ich durch Gespräche mit Ärzten und Patienten zu neuen Erkenntnissen gekommen.

Den größten Auftrieb erhielt ich durch das Schreiben. Meine eigenen Gedanken auf Papier zu bringen und darüber nachzusinnen hat mich wieder belebt. Ich war es selbst, der die Kugel wieder ins Spiel gebracht hat. Wie lange wird es diesmal dauern, bis sie wieder klemmt? Es wird passieren! Aber ich habe nun die Erfahrung gemacht, dass ich mir selbst helfen kann.

Dieser Safaripark für die Psyche wird mir in guter Erinnerung bleiben und dennoch bin ich sehr froh endlich nach Hause zu können. Ich werde nicht trauern, weil ich die verlassen muss, die mich hier verstehen. Auch zu Hause habe ich viele gute Freunde, wahre Freunde, die mich ebenfalls verstehen, die mich aufbauen und niemals allein lassen, allen voran meine liebe Familie.

Ich denke nicht, dass ich noch einmal einen Safaripark aufsuchen werde. Lieber nehme ich dieses

Buch und erinnere mich. Ich träume von dem Erlebten und lasse es Wirklichkeit werden. Mit diesen Gedanken gehe ich…

…in die letzte Runde

Das letzte Gruppengespräch, die letzte Aktion im Freizeitpark für die Psyche: Thomas berichtet erneut von seinem Leidensweg, von seinem Verhältnis zum Vater.

Er wird von einem Neuen unterbrochen. Thomas verbittet sich die Unterbrechung und wird laut. Er fürchtet seinen neuen Sitznachbarn. Die Äußerungen, die von dem Fremden kamen, erinnerten Thomas an seinen Vater. Die Stimmung eskalierte, wie eine Zeitbombe die jeden Augenblick hochgehen kann. In der Gruppe verbreiten sich Angstgefühle. Thomas sieht seinen Vater.

Der neue Gesprächspartner rast vor Wut, er blockt ab und sagt nichts mehr, bis er erneut herausgefordert wird. Jetzt platzt die Bombe. Ich habe das Gefühl beide gehen gleich aufeinander los. Der Therapeut bleibt gelassen. Hier muss offensichtlich etwas heraus, was Lange im Verborgenen ruhte. Nach dem Gewitter scheint wieder die Sonne und dann kommt mein Abschied.

Doch zunächst wird ein letzter Versuch unternommen, mich zum Verlängern zu bewegen. Schließlich würde ich ohne Hilfe noch nicht klarkommen. So wird es mir prophezeit. Ich verabschiede mich mit folgenden

Worten: „Mein Selbstwertgefühl ist gestiegen. Ich weiß, dass ich etwas kann und ich sehe positiv in die Zukunft. Die Vergangenheit war nicht nur negativ. Vieles, was ich gemacht habe, war auch gut und so wird es auch in der Zukunft sein. Was andere dazu meinen, ist mir egal."

Die neuen Patienten, die in dieser Woche zu uns in die Gruppe kamen und noch sehr unsicher sind, sagten: „Wir hoffen, dass wir das in sechs Wochen auch sagen können." Der Therapeut bestätigte, dass ich Fortschritte gemacht habe. Ich sollte nun aber auch noch mein Gesellenstück machen, indem ich den Kompromiss eingehe und wenigstens zwei Wochen verlängere.

Noch vor wenigen Wochen wäre ich nicht in der Lage gewesen, einen solch massiven Druck entgegen zu wirken. Hier habe ich es gelernt „NEIN" zu sagen. Meine Koffer sind bereits gepackt und morgen werde ich die Klinik verlassen. Alle, die gegen diese Abreise waren, bringen nun ihr Verständnis zum Ausdruck und sagen, es sei wohl das Beste für mich.

Wenn das Leben zu Ende geht, weil der Mensch müde wird und nicht mehr kämpfen kann, mag er seinen Frieden finden, was aber bleibt den Hinterbliebenen? Erinnerungen und Trost!

Erinnerungen „Ja" aber wieso Trost. Endlich sind die Schmerzen vorbei, die jahrelange Übelkeit, das Erbrechen, die Schwäche. Das Leiden hat ein Ende. Wenn der Mensch so abmagert das sich niemand mehr traut ihn anfassen zu können weil er befürchtet den Patienten weh zu tun, dann warten Menschen auf Erlösung, nicht nur die Leidenden selbst, sondern auch die Angehörigen, die zusehen müssen.

Sie können das Leiden nicht stoppen, nicht einmal mehr verringern. So warten sie auf die Erlösung für den geliebten Menschen, mit einem schlechten Gewissen, mit Schuldgefühlen. Bin ich ein schlechter Mensch weil ich auf das Ende warte? Viele Jahre habe ich diesen schlechten Zustand ertragen, ihr geholfen wo es nur ging. Gerne hätte ich ihr vieles abgenommen. Ohnmächtig musste ich zuschauen wie sie zerfällt und immer weniger wird.

Viele Jahre hat meine Frau um ihr Leben gekämpft. Das tat sie nicht für sich selbst, leider. Wenn sie für sich selbst gekämpft hätte, würde sie vielleicht heute noch leben. Das hat sie selbst nie richtig verstanden.

Auch hier muss ich es wieder mit einem Bibelwort verdeutlichen: *„Liebe deinen Nächsten wie dich selbst!"*
Meine Frau war eine gläubige Christin und sie hat tatsächlich ihren Nächsten geliebt, mehr als sich selbst. Hier kommt ein Problem auf. Sie war nie selbstsüchtig, nicht bewusst, nicht was ihr gesundes Leben betrifft, nur was ihre Krankheit angeht.

Durch Krankheiten werden Menschen Zwängen unterworfen. Mitunter machen sie Dinge, die sie gar nicht wollen, wie das dauernde Waschen der Hände oder der Wäsche. Dafür gibt es jede Menge Beispiele. Auf Grund dieser Zwänge hat sie sich selbst Schaden zugefügt. Leider konnte sie sich nicht daraus befreien. Doch niemals, absolut niemals hat sie bewusst jemand anderen Schaden zugefügt. So liebte sie die Kinder und mich mehr als sich selbst.

Niemals würde sie die Kinder allein lassen. „Mach mal Pause. Geh in eine Klinik. Nimm Dir Zeit und werde gesund". Das war unser Wunsch. Doch sie wusste, ein Klinikaufenthalt würde nicht nur sechs Wochen dauern, wie in meinem Fall. Bei mir ging es aber auch nicht um Leben oder Tod, lediglich um die Rente. Ihr Krankenhausaufenthalt würde Monate dauern. Es wäre eine Chance gewesen, doch sie konnte uns nicht allein lassen, nicht für sechs Monate oder länger. Was für eine törichte Überlegung. Jetzt sind wir allein! Hätte sie sich selbst geliebt, müsste sie ihr Leben schützen, dann wäre sie mit ihrem Nächsten, den sie mehr liebte, noch verbunden. In vielen Angelegenheiten hielt sie sich an das Wort Gottes, das brachte ihr eine Menge Freude ein.

Wo liegt hier der Nutzen? Es ist doch schlecht ausgegangen. Die Frage die ich mir heute stelle ist, warum? Warum sah sie ihren persönlichen Ratgeber, die Bibel, für alle Probleme als ein wertvolles Buch an? Sie hat jahrelang, erfolgreich, ihr Leben damit gemeistert. Damit hat sie auch ihren Kindern eine Perspektive gegeben.

Niemand ist perfekt. Wir alle machen Fehler. Wenn ich einen Rat nicht anwende, bedeutet das nicht, dass der Ratgeber schlecht ist. Wenn das Wort Gottes sagt, Liebe deinen Nächsten wie dich selbst, bedeutet das, das ich für mich das Gleiche machen muss, wie für andere. Damit würde ich mein Leben schützen. Die Frage die sich hier ergibt ist: Warum hat sie das nicht gesehen, obwohl sie sich sehr gut in der Bibel auskannte. Ehrlich gesagt, ich weiß es nicht. Möglich das die Gründe in der Kindheit liegen. Hier gab es möglicherweise eine Blockade die sie nicht überwinden konnte. Sie sah das Problem, ihr Problem, einfach nicht.

Die Erkenntnis für mich: Ich kann meinen Partner oder meinen Kindern nur schwer, vielleicht sogar gar nicht helfen, wenn ich selbst ein Problem habe. Ich liebe meinen Partner, auch wenn sie ein Suchtverhalten aufweist.

So lange ich mich selbst mit einem ernsthaften Problem auseinandersetzen muss fehlt mir die Kraft zur Hilfe. Erst wenn ich mich vor einen Spiegel stellen kann und sehe das ich etwas wert bin, das ich mich selbst liebe, dann bringe ich die notwendige Kraft auf, anderen zu helfen.

Die besten Ärzte sind diejenigen die in der Lage sind eine vortreffliche Diagnose zu stellen. Bereits hier beginnt der Schritt zur Heilung. Niemand kann etwas unternehmen, wenn er die Gründe für eine Erkrankung nicht kennt. Das war meine Ohnmacht, der ich jahrelang erlegen bin. Ich kannte die Krankheit meiner Frau, nannte sie bei Namen während sie selbst es leugnete. Doch ich kannte nicht die Gründe dafür, denn sie war schon magersüchtig als wir uns kennenlernten. Damals wusste ich jedoch nichts von dieser Krankheit. Ich erkannte sie nicht.

Das was ich leugne, was es nicht gibt, muss ich auch nicht bekämpfen, wäre ganz unlogisch. Als nächstes muss ich die Ursachen kennen. Kann ich den Grund beseitigen, kehre ich zu den ursprünglichen zurück und habe dann die gute Chance das eigentliche Problem zu lösen. Das ist nicht in jedem Fall einfach. Wenn z.B. der Grund eines Alkoholproblems der Tod eines Kindes ist dann lässt sich diese Ursache ja nicht einfach ausschalten.

Hier müsste ich eine andere Kraftquelle finden. In der Regel lassen sich Menschen gehen weil das Leben nach dem Tod eines Kindes keinen Sinn mehr ergibt. Das bedeutet, dass sie aufgehört haben sich selbst zu lieben. Nun spüre ich worauf diese Gedanken hinauslaufen: Ich bin mit absoluter Sicherheit davon überzeugt, dass Mütter und Väter ihre Kinder lieben, egal wie viele Jahre ihr Tod her sein mag.

In ihren schönsten Erinnerungen sehen sie noch immer den Sohn oder die Tochter aus freudigen Tagen, als die Welt noch in Ordnung war. Das sie trauern ist verständlich. Was ist hier geschehen? Niemals würden sie ihr liebes Kind aufgeben jedoch haben manche sich selbst aufgegeben. Der Grund: Sie lieben ihre Kinder mehr als sich selbst! Ja natürlich, das ist ja auch völlig richtig so.

Ich schau mich in Gedanken in einer Kinderkrebsstation um. Gute Freunde von mir machten hier schlimme Erfahrungen. Mich jetzt daran zu erinnern ist nicht gewollt, doch notwendig. Auf dieser Station gab es Kinder die ihr Leiden einfach hinnahmen. Natürlich ist das sehr schwer. Aber auch hier ging es manchmal um Glaubensangelegenheiten. Ob diese Kinder religiös erzogen wurden oder nicht, sie haben uns einiges voraus. Wir können diesen Kindern eine lebendige Hoffnung und eine gute Zukunft zeigen.

Für diese letzten Worte mag mich so manch eine

Mutter oder Vater böse verurteilen. Ich selbst glaube tatsächlich an diese Verheißungen. Viele Menschen glauben nicht daran. Wenn jedoch das Kind ein gutes Verhältnis zu den Eltern hat glaubt es zumindest an das was Mutter und Vater sagen. Es hat unermessliches Vertrauen. Was die Mama sagt, oder der Papa, das steht fest, das geschieht. Hier sehe ich die Macht des Glaubens.

Was nützt es, wenn es stirbt? Ich muss ihnen doch die Wahrheit sagen, oder? Mit Kindern geschieht oft etwas sehr Erstaunliches. Nach einer gewissen Erkenntnis, nachdem sie ihren Frieden gewonnen haben, beginnen sie damit ihre Eltern zu trösten. Diese Fälle sind nicht selten. Sie machen ihnen Mut. Auch wenn jemand stirbt, ist immer noch entscheidend, wie jemand stirbt. Wenn ein Kind von uns geht und der Mama und den Papa noch ein Lächeln schenkt und frohen Herzens noch sagt: „Ich hab dich lieb", dann erkennen wir schnell eine alte Grundwahrheit: Sie lieben ihre Kinder und ihre Kinder lieben sie. Unsere Kinder möchte das wir uns auch selbst lieben. Wer sich selbst liebt fügt sich keinen Schaden zu.

Ein Kind möchte nicht sehen wie die Mama oder der Papa am Alkohol zugrunde geht. Befreien wir uns daher von unseren eigenen Problemen indem wir noch immer unser Kind so lieben wie uns selbst. Genau das würde die Tochter oder der Sohn von uns erwarten. Hiermit kehren wir zurück zum Ursprung. Zu diesem Thema noch eine Frage zum Abschluss: Wenn der Ehepartner stirbt dann ist der Hinterbliebene entweder eine Witwe oder ein Witwer. Wenn Mutter oder Vater sterben, ist das Kind entweder ein Halbweise oder ein Vollweise.

Für diese Verstorbenen gibt es die eben erwähnten Begriffe. Wie sagt man aber zu einer Mutter oder einem Vater dessen Kind stirbt. In keiner Sprache habe ich bisher einen passenden Begriff gehört. Das liegt wohl daran das es völlig unnormal ist das ein Kind vor den Eltern geht. Vielleicht gibt es darum keine Bezeichnung. Mir ist zumindest nichts bekannt.

Der Tod kam nicht überraschend. Wir haben ihn schon lange erwartet. Heute befreit er meine Frau von ihren Schmerzen.

Die Frage dieses letzten Kapitels ist doch, wie geht es mir heute? Die Antwort bin ich noch schuldig. Die Frage lässt sich leicht beantworten wenn ich schildere wie es meinen Kindern heute geht, zum elften Jahrestag der inzwischen verstorbenen Mutter.

Noch zu Lebzeiten ihrer Mutter begann die Tochter eine Ausbildung als Erzieherin. Sie sehen hier wieder den Bezug zu dem bereits erlebten. Sich sozial engagieren, anderen helfen, der Gesellschaft einen nützlichen Dienst erweisen. Ihre Vorgesetzte brachte es bei ihrer Ausbildung auf den Punkt: „Du bist ein liebes nettes Mädchen. Deine Noten in der Schule sind überdurchschnittlich gut und dennoch bist du zumindest jetzt noch nicht in der Lage diesen Beruf gut auszuüben"!

Meine Tochter war erschüttert. Sie liebte Kinder und die Kinder liebten sie. Schon bei ihrem Vorstellungsgespräch, bei dem ich dabei war, kam ein kleines Mädchen auf meine Tochter zu gerannt und sagte: „Ich mag dich!" Die beiden kannten sich noch gar nicht. Sie hatte schon eine besondere Ausstrahlung auf Kinder. Da sie aber reichliche Probleme mit sich herumschleppte wirkte sich das auf ihre Erziehungsversuche aus. Sie konnte alles und jeden verstehen, lange Gespräche führen, sehr lieb sein.

In einem weißen Kleid und schwarzen langen Haaren wurde sie von den Kindern als Schneewittchen angesehen. Märchen erzählen und erziehen ist zweierlei. Daher war der Rat ihrer Chefin: „So lange Du häusliche Probleme mit dir herum schleppst und sie nicht zu Hause lassen kannst, wird es dir unmöglich sein dich bei den Kindern durchzusetzen".

Hier taucht ein Phänomen auf das sehr häufig wiederkehrt. Menschen denen Unrecht getan wurde sehnen sich nach Gerechtigkeit. Obwohl sie mit vielen Problemen aus der Kindheit schwer beladen sein mögen nehmen sie gerade das als Erwachsene wieder auf. Sie ergreifen Berufe in denen sie sich genau ihren alten Problemen wieder gegenüberstehen. Da beginnt eine junge Frau mit dem Jurastudium. Nach dem Studium trifft sie in ihrer Kanzlei auf Menschen die genau wie sie misshandelt wurden. Wer versteht ihr Leiden besser als sie? Natürlich kann mir ein Mensch, der mich völlig versteht, besser helfen.

Hin und wieder ist auch ein Abstand von Vorteil. Vor Gericht geht es nicht um Gefühle. Die bleiben oft auf der Strecke. Es geht um nackte Tatsachen. Das Gesetz! Wie schnell kann eine junge Anwältin scheitern die sich für ihre Klienten aus vollen Herzen einsetzt und dann an nicht ausreichenden Beweisen scheitert. Das mag beide in ein tiefes Loch werfen. Immer wieder wird sie an ihre eigene Kindheit erinnert, in der sie ebenfalls machtlos war.

Jetzt kommt es zu Depressionen, psychosomatischen Störungen. Wem wundert es, dass gerade diese Menschen, die einen sozialen Beruf ausüben, in der Psychiatrie landen? Ärzte, Krankenschwestern, Pfleger, sie sollten es am besten wissen wie man sich rechtzeitig vor Burnout schützen kann. Warum habe ich sie dann im „Freizeitpark für die Psyche" getroffen? Nicht als behandelnde Ärzte oder Pfleger, sondern als Patienten. Es ist nicht unmöglich einen dieser ehrenwerten Berufe zu ergreifen, selbst wenn so manch einer vorbelastet ist. Hier komme ich wieder auf eine alte Tatsache zurück: Bevor ich das Problem meines Nächsten meistern kann muss ich erst lernen mein Problem in den Griff zu bekommen.

Das erkannte auch meine Tochter. Sie war intelligent genug das zu begreifen, auch wenn es wehtat. Reicht diese Erkenntnis aber auch aus um Veränderungen vorzunehmen? Nach dem Tod der Mutter nahm sie die Ausbildung zur Erzieherin wieder auf. Es reichte nicht, von anderen zu hören, dass sie gut war. Obwohl sie Bestnoten schrieb fragte sie immer wieder bei den Lehrern nach, ob sie es schafft?

Die Gegenfrage, „warum machst du dir Sorgen? Du bist Klassenbeste". Klassenbeste im Notenschreiben, im Ausarbeiten von Referaten, im Einschätzen einer

Situation. Sie wusste was andere wert sind, jetzt musste sie lernen was sie selbst wert war. „Liebe deinen Nächsten wie dich selbst"! Nach und nach erfasste sie diese Erkenntnis und wendete sie an. Jemanden zu lieben und selbst geliebt zu werden ist eine großartige Sache. Zwei Menschen sind bis über beiden Ohren verliebt. Diese Liebe hält ewig, so glauben sie.

Dann kommt der Alltag und sie verstehen plötzlich die Welt nicht mehr. Liebe ist die größte Motivation die wir Menschen kennen. Mit Liebe schaffen wir alles! Dennoch scheitern viele daran obwohl sie ihren Partner über alles lieben. Sie haben ein Problem mit dem sie nicht klar kommen. Ihr Partner, der sie liebt, sieht zunächst über ihre Fehler hinweg, hin und wieder versucht er einzugreifen, etwas verändern. Sie selbst sind am Verzweifeln: „Ich habe so einen lieben Partner, der versteht mich, der macht alles für mich und dennoch bin ich unglücklich".

Ihr Partner liebt sie, doch auf Grund eines alten Problems lieben sie sich selbst nicht. Hier liegt die Wurzel des Übels. Sie können sich selbst nicht verzeihen. Sie leiden darunter versagt zu haben obwohl Sie selbst nicht Magersüchtig waren oder Alkoholabhängig. Das war doch ihr Vater oder ihre Mutter, aber doch nicht sie. Süchtig waren andere, doch sie waren und sind immer noch Co Abhängig. Sie vergeben sich nicht dafür, dass sie als Kind so versagt haben, dass macht Sie in Ihren eigenen Augen schlecht. „Wie kann mein Partner mich da lieben? Ich könnte so glücklich mit ihm sein".

Das ist der springende Punkt, sie könnten glücklich mit ihm sein, weil er ein guter Mensch ist, sie haben sich diesen Partner ja selbst ausgesucht. Ihr Partner denkt genau das gleiche. Sie wurden erwählt, weil Sie in den Augen Ihres Partners eine tolle Person sind. Dem Glück steht nichts mehr im Wege. Anfänglich ist das auch so. Doch dann werden Sie von der Vergangenheit eingeholt.

Manchmal sind es nur Kleinigkeiten des täglichen Lebens das Sie daran erinnert, wer Sie sind. Viele loben Sie und sagen: „Du bist etwas wert". Lob ist etwas das aufbaut. Das Lob eines anderen reicht auf Dauer aber nicht aus. Sie benötigen dauernd diese Bestätigung. So können wir nach Lob süchtig werden. Wieder ein neues Dilemma. Was ist es was Sie wirklich brauchen?

Erinnern Sie sich an meine geschilderten Töpferarbeiten. Zunächst war ich ganz zufrieden, ich bekam ja auch Lob dafür. Dann eine schlechte Nacht, Kopfschmerzen, Stimmungsschwankungen und plötzlich war alles was ich gemacht hatte Schrott. Es war nichts mehr wert. Die Arbeit umsonst.

Es gibt nichts Schlimmeres als unnütze Arbeit. Sie beschafft keine Befriedigung, ganz im Gegenteil, sie reißt noch mehr runter. Anschließend fällt der gelobte noch tiefer als er je war. „Schatz höre auf, ich kann deine

Lobeshymnen nicht mehr hören. Du bist einfach zu gut für mich. Gib es doch endlich auf"! Kennen Sie das? Das gutgemeinte Lob Ihres Partners betrachten Sie plötzlich als überheblich. Wie kann er etwas loben das total versagt hat?

Aus der Misere mit dem verpfuschten Elefanten bin ich erst herausgekommen als ich ein neues Projekt gestartet habe. Keinen Elefanten, nein, der kam erst ganz später wieder an die Reihe. Zunächst versuchte ich mich mit einem Bären. Der steht mir gerade gegenüber und so erinnere ich mich noch gut daran als ich ihn damals formte. Als ich mir sagte, „der ist gelungen", brach endlich das Eis. Ich war im Stande mich selbst zu loben. Ich wagte es, mich selbst zu loben. Ich bin nicht perfekt. Vieles was Sie können kann ich nicht. Aber das habe ich geschafft, einen starken Malaien Bär habe ich mit eigenen Händen geformt. Die Erkenntnis etwas schaffen zu können, auf das ich stolz sein kann, gab mir eine große Portion Selbstbewusstsein.

In meiner Kindheit glaubte ich, alles was ich anfasse geht schief. Ich erwähnte schon, dass ich oft schwitze. Das war ein Übel das mir schon in der Jugend einen Lacher einbrachte. Jeder in unserer Familie hatte inzwischen seinen eigenen Schlüssel. Als Kinder hatten wir keinen gebraucht, weil meine Mutter nach der Schule immer zu Hause war und öffnete.

Mit dem Alter kommt Verantwortung und mit der

Verantwortung wird man zum Schlüsselträger. Wenn am Abend alle zu Hause waren sahen wir am Schlüsselbrett drei blanke Türschlüssel. Wir waren eine vierköpfige Familie. Nun mögen Sie sich fragen, „wieso waren nur drei Schlüssel da"? Das ist einfach zu erklären, es waren tatsächlich drei blanke Schlüssel. Daneben hang einer der war verrostet. Sie müssen nicht lange raten wer der Besitzer dieses Schlüssels war, oder? Seitdem machte ein Witz seine Runde: „Was der Junge in die Hand nimmt rostet".

Mag sich lustig anhören prägt aber die ganze Jugend und weit darüber hinaus. Was ich anfasse geht schief. Das hat sich eingebrannt. Erst in der Klinik oder eigentlich schon kurz davor, als ich anfing regelmäßig zu schreiben, veränderte sich etwas. Da gibt es Dinge die du kannst. Wenn es auch heißt Eigenlob stinkt, setzen Sie sich einfach mal darüber hinweg. Sie brauchen Ihr Selbstwertgefühl? Wie ist das zu erreichen?

Mit kleinen und großen Erfolgen die Sie sich hart erkämpfen müssen. Starten Sie neue Projekte an denen Sie Freude haben. Sie müssen nicht gleich perfekt sein. Steigern Sie sich. Lernen Sie sich selbst zu loben. Geben Sie contra. Das Ihr Vater ein Säufer war und sie geschlagen hat dafür können Sie nichts. Sie mussten damals schwer leiden, als Co Abhängiger. Stoppen Sie diese Misere. Machen Sie nicht den gleichen Fehler indem Ihr Partner oder Ihre Kinder Co Abhängig werden. Sie verurteilen sich, machen sich schlecht, so lange bis nicht nur Sie es glauben, sondern auch Ihr Partner. Dann verlässt er Sie vielleicht und wieder fällt der Satz: „Ich falle immer auf die gleichen Typen herein".

Allein können und wollen Sie nicht leben. Der Mensch braucht Zuneigung und Liebe. Nun gibt es zwei Möglichkeiten. Sie stürzen sich in ein neues Abenteuer und das alte Spiel beginnt von neuem. Sie können auch resignieren und sagen „ich habe die Nase gestrichen voll. Nie wieder einen Partner". Wenn Sie damit glücklich sind mag das die Lösung sein, doch ich wette auf Dauer sind Sie damit nicht glücklich. Sie wissen auch warum. Daher gibt es für Sie noch eine dritte Möglichkeit.

Stellen Sie sich vor Sie haben eine verdreckte Wohnung. Ihre Kinder fühlen sich nicht mehr wohl. Sie selbst ignorieren das. Irgendwann gehen Ihre Kinder aus dem Haus. Hin und wieder bekommen Sie Besuch. Ihre Freunde rümpfen die Nase „wie sieht es denn hier aus". „Wenn es Dir nicht passt kannst du gleich wieder gehen". Konfrontation ist angesagt. Sie sind Hausherr und haben gewonnen. Hurra, ein Sieg!

Nach und nach bleiben alle Ihre Freunde weg. Nicht einmal Ihre Eltern kommen zu Besuch, die Eltern die Sie dazu gemacht haben was Sie heute sind. „Die haben es nötig. Mir Vorwürfe zu machen. Wenn Sie nicht wollen sollen sie doch wegbleiben". Wieder haben Sie gewonnen. Sie haben sich endlich mal behauptet. Macht Sie das glücklich? Geruch macht einsam. Irgendwann stinkt es Ihnen selber und sie raffen sich auf die Wohnung zu putzen. Sie fühlen sich jetzt selber wohl. Dann kleiden Sie sich neu ein, eine neue Frisur. Sie fühlen sich wohl und gehen aus. Plötzlich ziehen sie Blicke auf sich. Sie sind interessant und werden angesprochen.

Das sind Sie überhaupt nicht gewohnt. Werden Sie jetzt wahrgenommen weil Sie ein völlig anderer Mensch geworden sind? Diejenigen die sie ansprechen kennen Ihre Vorgeschichte gar nicht. Sie wissen nicht einmal wie Sie vorher waren. Sie wissen nur eines, eine nette sympathische Person. Woher dieser Wechsel? Sie selbst haben einen Gesinnungswechsel vorgenommen. Sie schauten in den sonst verhassten Spiegel und fühlten sich plötzlich in dem neuen Outfit wohl.

Dieses Wohlsein, dieses Selbstwertgefühl überträgt sich auf andere. Dieses anziehen einer neuen Persönlichkeit gibt Ihnen Kraft weitere Veränderungen vorzunehmen. Langsam öffnen Sie die vermauerten Fenster und lassen Licht herein. Das Licht, die Wärme der Sonne ist so angenehm, so wohltuend. Es befriedigt Sie. Sie lächeln, nein, Sie strahlen. Licht wird reflektiert. Sie sind ein Blickfang für andere. Jetzt empfangen Sie Signale. Es gibt Menschen die sie mögen. Warum? Sie haben gelernt sich selbst zu lieben. Sie wünschen es nicht nur, Sie ahnen oder hoffen es nicht nur, nein, es ist eine Tatsache geworden, Sie haben ein Selbstwertgefühl.

Ähnlich erging es meiner Tochter im zweiten Anlauf ihrer Ausbildung. Als ihre Lehrer einen kleinen Einblick in ihre Vergangenheit erhielten, verstanden sie ihre Ängste des Versagens besser. An der letzten Schule wurde sie gemoppt, nicht weil sie schlecht war, ganz im Gegenteil, einfach weil sie anders war.

Mit Bestnoten wurde sie von der Schule gewiesen weil sie die Praxis im Kindergarten ja doch nicht schaffen wird. Es war vieles aus ihrem Leben bekannt geworden und so urteilten Menschen schon über sie bevor sie nur die Chance hatte sich zu entfalten. Dann wählte sie im zweiten Anlauf eine ganz andere Schule, an der sie unbekannt war, keine Vorgeschichte, keine Handicaps. Sie war fröhlich, zugänglich, hatte viele Freunde. Nach einer Klassenarbeit kam immer das große Zittern. Welche Note werde ich erhalten? Die Freundinnen sprachen Mut zu: „Du hast doch sowieso eine der besten Noten. Was machst du dir Sorgen".

Erst nachdem sie über ihre Vergangenen Erfahrungen sprach wurde es für Lehrer nachvollziehbar. Nun war das erste Jahr erfolgreich abgeschlossen und diesmal sollte die Ausbildung weiter gehen. Ein erster kleiner Erfolg. Kleine Erfolge führen zu großen Ergebnissen.

Im zweiten Jahr sollte jeder Schüler ein Referat

ausarbeiten und eventuell ein Gedicht hinzufügen. Kunsterziehung, wie Musik und Literatur ist ein Bestandteil der Ausbildung, denn gerade in diesen Bereichen werden Kinder mit Problemen geholfen.

Es gibt speziell ausgebildete Musiktherapeuten. Unter den Themen die für das Referat zur Verfügung standen wählte sie sich ein heikles Thema aus. Typisch für sie. Sie arbeitete an dem Thema Magersucht. Inzwischen waren wir alle mit diesem Thema vertraut.

Da sie mit dem Referat vollauf beschäftigt war bat sie mich doch ein paar Verse dazu zu schreiben. Als sie diese Verse vorlas und aufblickte, sah sie Tränen in den Augen ihrer Lehrerin. Sie hörte ihre Mitschüler wie sie schluchzten. Offensichtlich erkannte diese Klasse nun, dass vor ihnen ein junges Mädchen stand, das sie mit diesem heiklen Thema bereits Erfahrungen machte.

Urteilen Sie selbst: Meine Tochter hat sich behauptet, sehr langsam ein Selbstwertgefühl aufgebaut, das aber kontinuierlich immer stärker wurde. Sie hat die Schule erfolgreich abgeschlossen. Zur Schlussfeier bekam sie noch von der Schuldirektorin eine Auszeichnung.

Inzwischen war sie nicht nur Klassenbeste sondern auch Schulbeste. Doch das war nicht ihr größter Sieg. Hier ging es nur um Noten. Die schärfsten Noten verteilt ohnehin das Leben selbst. Auch hier hat sie ihren Weg gemacht. Vor wenigen Tagen machte sie mich zum Großvater. Sie brachte eine Tochter zur Welt die sich hoffentlich nicht auch mal Gedanken um obiges Thema machen muss.

Wie es mir heute geht wollte ich an meinen Kindern zeigen. Dazu muss ich auch aufzeigen wie mein Sohn in ein tiefes Loch fiel. Schulfreunde besuchten ihn, nach dem Tod seiner Mutter: „Unternimm etwas mit uns. Komm raus"! Erst kapselte er sich völlig ab, ging aber dann doch mit. Irgendwann hatte er wohl Gefallen daran. Auf Partys gehen, in Diskos rumhängen, das war nun angesagt. Mit Jugendlichen relaxen die keinen Bock mehr auf Schule hatten. Das eine ergibt das andere. Alkohol, Rauchen, Drogen kriminelle Handlungen, so ziemlich die ganze Palette. Das hielt er alles streng geheim und mein Junior ist im abkapseln und geheim halten ein richtiger Experte geworden.

Wenn man auf einer tickenden Bombe sitzt dann geht sie irgendwann einmal los. Ich erfuhr erst von seiner Talfahrt als bei uns eine polizeiliche Haussuchung stattfand. Gesucht wurde in erster Linie nach Spraydosen. In unserem kleinen Städtchen sah man laufend Schmierereien an öffentlichen Gebäuden. Mir war nicht bewusst, dass inzwischen auch mein Sohn in einer Bande Jugendlicher aufgenommen war.

Wie sieht die Zukunft eines jungen Menschen aus der sich nichts mehr aus seinem Leben macht? Für mich als Vater stand eine Ausbildung in den Vordergrund. Wie bekam ich meinen Sohn dazu? Gutes Zureden ist eine

Sache, die andere, hält er es auch durch? Zu meiner Freude entschied er sich für eine einjährige Fachschule. Bereits in der Grundschule sagte mir seine Lehrerin „der Junge hat was auf den Kasten. Er könnte das Gymnasium besuchen. Aber er ist faul. Schicken sie ihn erst einmal auf die Realschule". Dort war er der Schrecken seiner Lehrer. Um nun diesen jungen Mann Respekt beizubringen erhielt er hin und wieder auch Strafarbeiten, die er einfach ignorierte.

Einmal allerdings hat er sich an den Auftrag der Lehrerin gehalten. Er sollte einen Aufsatz schreiben. Thema: Ich muss meine Lehrer respektieren. Diesen Aufsatz hat er tatsächlich auch geschrieben und immer wieder in einer spaßigen Form auf die „Leerkörper" der Schule aufmerksam gemacht. Während sich seine Mitschüler ausfallend darüber amüsiert haben erhielt der Vorleser, nach getaner Arbeit, einen roten Hinweis in sein Schulheft.

Dann kam nochmals eine mündliche Ermahnung: „Lehrkörper schreibt man mit „H", mein lieber. Merk Dir das! Ansonsten war der Aufsatz ganz ordentlich". Die Klasse grölte. Da nimmt man jemanden auf den Arm und der merkt es gar nicht. Wie soll er einen Leerkörper nur respektieren. Flaschen gehören in den Müll oder zumindest in die Recycling-Tonne.

Den Sohn zu einer Ausbildung zu bewegen war eine Sache, die andere, sie auch durchzuhalten. Der

Durchhaltewille meines Juniors war nicht mehr sehr groß. So entschied ich mich für eine bekloppte Sache, wie manche wohl einwenden werden.

Ich fuhr ihn jeden Morgen in die 25 km entfernte Schule. Hin und herfahren war zu aufwendig. Daher wartete ich geduldig bis die Schule aus war. Es gibt viele gute Bücher zum Lesen. Der neue Klassenlehrer war ein Kumpel Typ, sah in seinen neuen Schüler zwar noch immer einen Lausbuben aber auch sein Potenzial. Auch dieser Lehrer wurde hin und wieder in einen Schülerstreich verwickelt.

Dieser Mann jedoch war kein Leerkörper, er war tatsächlich ein Pädagoge, was seinen Schülern zugutekam. Dieser Lehrer hatte etwas im Kopf. Es war nicht nur Wissen das er seinen Schülern vermittelte sondern auch Verständnis. Helfen beginnt mit dem Verstehen.

Neben den neuen Schulkameraden gab es ja auch noch die alten, die sich immer wieder sehen ließen. So wurden alte Aktivitäten wieder aufgenommen oder gleich beibehalten, genau kann ich das gar nicht sagen. Doch trotz guter Vorsätze begann der Abstieg.

Ich könnte Ihnen nun schildern was alles in seiner Jugendakte stand, die inzwischen mehrere Ordner füllte. Es ist müßig alle Aktionen dieser Gruppe zu schildern. Sie können es sich vorstellen was unter Drogeneinfluss geschieht. Die Jungs waren ja clever, glaubten sie, sie bestellten sich im Internet Pilze, völlig harmlos, sie wollten keine harten Drogen, „wir sind doch keine Junkies".

So harmlos waren diese Pilze allerdings nicht. Nach einer Einnahme dieser edlen Gewächse blieb mein Sohn drei Tage lang darauf hängen. Das war so ein Schlüsselerlebnis zur Umkehr. Doch zunächst gab es einige Sozialstunden abzuleisten. Das hat er anstandslos auch befolgt, denn die Stadtgärtnerei in der nun tätig sein sollte war nicht weit weg. Doch dann wurde ihm noch auferlegt einigen Besprechungen in der Arbeiter-Wohlfahrt beizuwohnen und das lehnte er strikt ab, denn diese Besprechungen waren wieder einmal in einer anderen Stadt. Die Schulausbildung, die er tatsächlich erfolgreich abgeschlossen hatte sah er ja ein, doch nun wieder 25 Kilometer fahren, waren ihm zu anstrengend.

Für mich war klar, er muss dahin, sonst gibt es noch mehr Probleme. Er kann ja ruhig mal eins aufs Dach bekommen. Warum nicht mal auf die harte Tour? Viele die diese harte Tour durchgemacht haben landeten im Knast und dort lernten sie noch mehr. Alles was sie vorher nicht wussten.

Hierbei dachte ich an meine guten Ratschläge die ich einer Mitpatientin in der Klinik gab. Sie wissen noch, „der verlorene Sohn", nun war ich in einer ähnlichen Lage. Wie ließ sich das verhindern? Zu jedem Termin fuhr ich ihn hin, bis vor die Tür, und wartete draußen bei

Wind und Wetter bis er wieder rauskam. Sehr bequem, oder? Den Jungen jetzt auch noch verwöhnen! Nun, er hatte Mist gebaut, das sah er auch ein. Einsicht ist schon mal was wert. Hier sah ich eine Rückkehr zur Normalität. Meine Devise ist, wenn jemand umkehren will dann muss ihm auch geholfen werden.

Nun zur Problembewältigung. Die Mutter ist tot, daran ließ sich nichts mehr ändern. Wie kehrt der Mensch dennoch um, zur Normalität? Sie sehen hier die Tragik. Es ist eine ähnliche Situation von der wir schon sprachen. Ein Kind stirbt. Wie geht der Hinterbliebene damit um. Ein Fall der unumkehrbar ist. Nun, mein Sohn lebte noch. Als er von der Normalität abwich stand er in einer großen Gefahrenzone. Die Veränderung seiner Persönlichkeit ging Schrittweise, anfänglich kaum zu erkennen. Wir vergleichen das heute gerne mit einem Boot auf dem Bodensee.

Dort wo wir als Familie noch unbeschwerte Tage erlebt haben. So lange Sie selbst rudern, oder auch jemand dem Sie vertrauen, wird eine Richtung anvisiert, ein Ziel. Jetzt kommt etwas interessantes, so lange Sie rudern, ist es kein Problem dieses Ziel auch zu erreichen. Nun wollen Sie aber mal ein wenig Relaxen, das gehört auch zum Leben. Während Sie das rudern einstellen und die Sonne genießen, beginnt das Boot abzutreiben. Auf dem seichten Wasser werden Sie das kaum bemerken. Irgendwann muss es, wie im täglichen Leben auch, mal weiter gehen. Erst jetzt bemerken Sie, dass sich Ihr Ziel verschoben hat. Sie sind vom ursprünglichen Kurs abgekommen. Das stellt kein großes Problem da. Eine kleine Korrektur und Sie sind wieder auf Kurs.

Haben Sie ein kleines, belangloses Problem, sind Sie schnell wieder auf Spur. Doch im Leben werden wir manchmal völlig aus der Bahn geworfen. Dann ermüden wir, sind zu schwach weiter zu machen, sind einer Ohnmacht nahe.

Lassen Sie uns das Beispiel mit dem Boot auf dem See etwas weiterspinnen. Sie machen nicht nur eine kleine Rast sondern schlafen völlig erschöpft ein. Sie können nichts mehr kontrollieren. Während Sie schlafen sehen Urlauber, die auf der Promenade spazieren wie die Sturmwarnleuchten angehen. In dieser Situation müssen alle Boote schnellstens in den Hafen zurückkehren, denn die Wetterverhältnisse am Bodensee können sich tatsächlich rasant verschlechtern.

Sie bekommen von all dem nichts mit, Sie schlafen ja. Endlich wachen Sie auf. Panik macht sich breit. Inzwischen hat sich der Himmel in ein tiefes schwarz eingefärbt. Auch wenn Sie von Seefahrt oder schlechten Wetterverhältnissen nicht viel verstehen, sagt ihnen doch Ihr gesunder Menschenverstand, „nichts wie weg hier"! Inzwischen sind Sie schon sehr weit in den See hinausgetrieben wurden und der Sturm beginnt. Mit leichten Korrekturen ist hier nichts mehr auszurichten.

Es erfordert höchste Kraftanstrengungen das rettende Ufer zu erreichen. Die Misere, Sie sind allein im Boot.

Hätten Sie einen Partner dabei gehabt wäre es sehr unwahrscheinlich, dass beide in einen tiefen Schlaf fallen. Der Partner hätte Sie auf einen Kurswechsel aufmerksam machen können. Das einzige was Sie jetzt noch rettet ist die Hilfe von außen. Fachleute, Rettungsmannschaften kommen auf Sie zu und bringen Ihren angeschlagenen Kahn sicher in den Hafen.

Jetzt können Sie diese eben geschilderte Situation selbst analysieren. Was würden Sie meinem Sohn empfehlen. Er hat seinen Kurs verlassen. Sie kennen inzwischen die Ursache. Wie findet er in die Normalität zurück?

Ein cleverer junger Mann, inzwischen mit allen Wassern gewaschen. Trickreich, intelligent, kreativ, ausgestattet mit künstlerischen Fähigkeiten usw. Wenn Sie die positiven Eigenschaften Ihrer Kinder aufzählen sollen fällt Ihnen bestimmt eine Menge dazu ein. Bedenken Sie, jedes Konto hat eine Haben und eine Soll Seite. Zu klären wäre jetzt die Frage, was hat mein Sohn, meine Tochter, nicht.

Ein Jahr nach dem Tod seiner Mutter, nun Achtzehnjährig, hörte er auf klar zu denken. Alles war verschwommen, vernebelt. Wie findet jemand sein Ziel, das irgendwo noch im Hinterkopf steckt, wenn er es nicht mehr sieht? Es gibt verschiedene Hilfsmittel. Ein

Blinder benötigt einen Blindenhund oder eine Führungsperson. Hat sich der Blinde nach Jahren eine gewisse Geschicklichkeit erworben kann er sich Selbstständig auf den Weg machen. Aber auch dann braucht er immer noch eine kleine Hilfe, den Tast- oder Signalstock, auch Blindenstock genannt. Nimm einen Krückstock und laufe los! Völliger Unsinn. Das gehen muss neu erlernt werden. Der Blinde und sein Hund müssen aufeinander abgestimmt werden Das setzt völliges Vertrauen voraus.

In wen setzen Sie Ihr Vertrauen? Alle denen ich vertraut habe sind weg. Schon mal gehört? Sie fühlen sich völlig allein gelassen, besonders nach dem Tod eines geliebten Menschen. Warum hat er mich verlassen? Sie werden sogar wütend auf ihn. Mit dem Verlust eines Menschen verlieren wir etwas.

Mein Sohn lebte noch, allerdings war sein Geist getrübt, vielleicht sogar tot, er konnte keine klaren Ziele mehr erkennen. Ziele waren ohnehin auch nicht mehr maßgebend. Wenn wir von Verlust sprechen, von den Dingen die verloren gegangen sind, kommen wir zu der Klärung der Frage: Was hat mein Sohn eigentlich verloren? Die Mutter, wäre jetzt die einfache Schlussfolgerung. Doch da hängt noch sehr vieles andere daran.

Die Nächte mit seinen Kumpels wurden immer länger, besonders am Wochenende. Mit dieser Disco

Gesellschaft und dem saufen war ich nicht einverstanden, trotz alledem blieb er mein Sohn, der immer nach Hause kommen konnte. Nachts machen sich Eltern sorgen, wenn die Kinder lange ausbleiben, oder sogar gar nicht mehr heimkommen. In einer Nacht war dass der Fall. Erst viele Jahre später erfuhr ich den Grund seines nächtlichen Ausbleibens. Im angetrunkenen Zustand landete er mitten in der Nacht auf dem Friedhof. Diese kalte Nacht verbrachte er in Angstzuständen am Grab seiner Mutter. Das ist sehr passend, oder? Jemand der Angst hat flüchtet sich zu einer Toten die ihr Leben lang unter Ängsten litt.

Hier am Grab liegt der Schlüssel des eigentlichen Problems. Das was er nicht besaß oder was ich selbst als verloren glaubte, hat er wahrscheinlich nie besessen. Er wurde und wird noch immer geliebt. Heute mehr als je zuvor. Auch er liebte. Oft stritt er mit seiner Mutter bis zu dem bereits erwähnten Höhepunkt im Krankenhaus. Warum streiten wir mit jemand? Warum weisen wir zurecht? Weil uns diese Person völlig egal ist?

Wenn das so wäre würde ich mit ihr keine Zeit verschwenden, wenn ich darin ein nutzloses Unterfangen erkenne. Wir streiten uns doch in der Regel mit Personen die uns sehr am Herzen liegen. Auch wenn sie oft uneins waren, der Junior liebte seine Mutter, er wollte dass sie sich gut ernährt. Er ist heute dankbar für vieles was er durch seine Eltern erlernt hat.

Nun komme ich nach Jahren zu einer schmerzlichen Erkenntnis. Das einzige was wir ihm nicht beigebracht haben ist die biblische Lehre: *Liebe deinen Nächsten wie dich selbst.*

Wenn Eltern an die Bibel glauben und sie ausleben dann werden natürlich auch die Kinder dadurch beeinflusst. Unser Bestreben war es sie zu guten und aufrechten Menschen zu erziehen. Wir haben ihnen all unsere Liebe gegeben. Was wir ihnen nicht geben konnten ist die Erkenntnis wie man sich selbst liebt. Hier stecken wir wieder tief in den verrückten Kreislauf. Ich selbst sah mich in der Kindheit als Versager an. Bekomme nichts auf die Reihe. Bin nichts wert. Etwas Wertloses können Sie doch nicht lieben, oder?

Meine Frau steckte in ein ähnliches Dilemma. Wir haben ein sehr großes Herz für andere, für Verwandte und Freunde, sogar für viele Fremde denen wir geholfen haben. Mein Leben lang lese und studiere ich die Bibel. Sehr vieles habe ich verstanden und tiefgehende Erkenntnisse daraus entnommen. Die Heilige Schrift beginnt in der Schöpfungsgeschichte mit dem Leben. Es beginnt mit dem wertvollsten Gut was wir haben, unser Leben. Jedes Leben ist wertvoll. Die Bibel zu verstehen heißt, sie in die Praxis umzusetzen. Jahrelang habe ich mich darum bemüht. Doch in einer entscheidenden Frage eröffnete sich mir eine Erkenntnis nur in der Theorie.

Kinder lernen von ihren Eltern durch Beobachtungen. Wir können ihnen noch so viele Lehren mit auf den Weg geben, wie wir wollen. Sie unterscheiden schon in sehr frühen Jahren zwischen Theorie und Praxis, wenn sie mit diesen Begriffen vielleicht auch noch nichts anfangen können.

Eine einfache Lehre ist die: Gehe niemals bei Rot über die Straße. Das macht Sinn und wird zunächst auch eingehalten. Doch nun sehen sie den Vater selbst wie er bei Rot die Straße überquert. Die gute Lehre ist dahin, das Vorbild siegt. Genau gleich ist es mit der Erkenntnis der Liebe. Wie konnten wir unserer Tochter oder unserem Sohn etwas vermitteln was wir selbst nicht besaßen. Unmöglich! Erst jetzt, während des Schreibens dieser Zeilen wird mir völlig bewusst, dass ich die Liebe nur in der Theorie ausgelebt habe. Mir fehlte ebenfalls ein wesentlicher Bestandteil. Auch sich selbst lieben zu können.

Was Hänschen nicht lernt, lernt Hans nimmermehr. Nicht ganz richtig. Es fällt schwer, doch es ist nicht unmöglich. Vieles ist auch im Alter noch erlernbar. Auch die Liebe! Für die Berufsausbildung müssen Sie mindestens drei Jahre lernen. Wollen Sie studieren, ihren Doktor machen, dann müssen Sie noch einige Jahre mehr investieren. Mit der Liebe ist das ganz anders. „Falling in Love", sagt ein englischer Titel. In die Liebe zu fallen muss kein Reinfall sein, doch das wird es oft,

266

wenn sie nicht erlernt wird. Darum scheitern viele Beziehungen, es wird mehr Zeit in eine Ausbildung investiert als in eine Beziehung.

Nach der Erkenntnis kommt das Handeln. Nachdem ich selbst mein Selbstwertgefühl gesteigert hatte war ich nun an der Reihe den Kurs der Kinder zu verändern. Tapetenwechsel ist manchmal sehr hilfreich. Daher machte ich meinen Kindern den Vorschlag vom schönen Bodensee wegzuziehen. Wieder einmal gab es unterschiedliche Meinungen.

Meine Tochter entschied sich für den Bodensee. Sie hatte einen Freund, war inzwischen erwachsen und hatte ihr Selbstwertgefühl durch bereits erwähnte Erfolge gesteigert. Mein Sohn entschied sich für einen Umzug. Er erkannte selbst, er musste aus dem Umfeld seiner ehemaligen Schulkollegen raus. Sie ließen ihn nicht los.

Nach einigen Überlegungen kamen in mir Zweifel auf. Mit dem einen wegziehen, die andere hier lassen. Was ist für alle das Beste? Mein Sohn bemerkte das und meinte man müsse mich vor vollendete Tatsachen stellen. Er holte eine Axt aus dem Keller und zerschlug ein Möbelstück und sagte: „So, jetzt müssen wir umziehen"!

So rabiat wie es aussieht war es dann doch nicht, ich meine die Sache mit dem Möbel. Es war ein sehr altes Stück was wir ohnehin nie mitgenommen hätten. Es diente mir aber als Denkanstoß, als Entscheidungshilfe: „Pack deine Sachen Junior wir ziehen weg"!

Nun stand noch die letzte Sitzung in der Arbeiter Wohlfahrt an. Wie gewöhnlich wartete ich draußen auf meinen Sohn. Viele seiner Kollegen, die etwas jünger waren, verließen schon den Saal, ganz zuletzt mein Sohn. War überhaupt nicht seine Art aus einer Schulung als Letzter herauszukommen.

Im Schlepptau hatte er die Seminarleiterin deren Aufgabe es war ihren Schülern die Gefahr von Drogen zu verdeutlichen. Nachdem sie meinen Sohn nun schon besser kennenlernen konnte hat sie ihm eine Stunde überlassen seine Kollegen aufzuklären. Die jüngeren dachten wie coole sie schon sind, haben alles schon erlebt, ist halb so wild.

Mein Sohn belehrte die harten Jungs eines Besseren. Selbst die Seminarleiterin war über die Art und Weise, wie mein Sohn seine Kollegen ansprach, sehr beeindruckt. Letztendlich kam dem Dümmsten noch eine Erleuchtung, das sind Erfahrungen die man nicht unbedingt machen muss.

Die nette Seminarleiterin verabschiedete sich von mir. Dieser Abschied war gleichzeitig auch unsere erste Begegnung. Draußen auf der Straße blieb ich anonym. Ich wollte meinen Sohn nicht in eine peinliche Situation bringen, dass er einen Aufpasser benötigt, der ihn in den Kindergarten bringt.

Die Frau von der Wohlfahrt sah das etwas anders. Sie sagte: „Ihr Sohn hat hier einen erstaunlichen Eindruck hinterlassen. Er wurde von der ganzen Klasse akzeptiert, ihm wurde geglaubt. Mehr konnte ich auch nicht erreichen. Mir ist klar, dass ich einige Kandidaten immer wieder treffe, weil sie rückfällig werden. Doch ich bin davon überzeugt, dass ihr Sohn nicht dazu gehören wird. Vielleicht wird es sogar in der letzten Gruppe weniger Rückfälle geben".

Als ich erwähnte das wir wegziehen wollen, ermunterte sie uns: „Tun Sie das! Das ist das Beste was Sie machen können. Raus aus dem alten Umfeld". Dann kam noch ein abschließendes Lob: „Ich habe noch keinen Vater getroffen der seinen Sohn hierherbringt. Manchmal versäumen die Jungs hierherzukommen. Das hat natürlich Konsequenzen. Ihr Sohn war immer hier. Machen Sie weiter so".

Hier haben wir die Rückkehr zur Normalität. Der Tot ist nicht rückgängig zu machen jedoch die Einstellung dazu. Nach unserem Wegzug entwickelte sich alles sehr positiv. Nie wieder Drogen, keine kriminellen Geschichten mehr, auch das Rauchen wurde eingestellt, denn wer sich selbst liebt fügt seinem Leib nichts Böses zu. Ja tatsächlich, er lernte sich selbst zu lieben, die einzige Möglichkeit aus dem Sumpf, in dem er steckte herauszukommen. Der Lehrsatz: „Liebe deinen nächsten wie dich selbst", wurde jetzt zur Realität. Er liebt seinen

Nächsten, er liebt sich selbst. Nur dadurch konnte er eine noch größere Verantwortung übernehmen denn er ist der großen Liebe begegnet die er geheiratet hat.

Nach allen diesen Ereignissen frage ich mich: „Was hätte ich besser oder anders machen können?" Eines steht fest: Selbst wenn sich darauf eine Antwort fände lässt sich die Vergangenheit nicht zurückholen. Das „was wäre wenn", würde niemanden helfen, weder mir noch meinen Kindern. Dennoch denke ich über Erziehungsfragen oft nach.

Am Bodensee gibt es große Apfelplantagen, Baumschulen. Sie stehen wie Soldaten in einer Reihe. Die kleinen Bäumchen werden an einem in den Boden gerammten Pfahl gebunden. Das soll bewirken, dass sie gerade wachsen.

Manchmal hatte ich diesen Vergleich gebraucht, um zu verdeutlichen, dass Kinder Anleitung benötigen. Einen festen Stamm, der ihnen hilft gerade zu wachsen. Kinder, die erzogen werden, müssen ihre Grenzen kennen. Interessant ist dabei, dass Jugendliche dies selbst einfordern. Wenn Eltern ihren Kindern alles erlauben, sind die Sprösslinge verunsichert: „Interessiert sich mein Alter überhaupt für mich?"

Heute frage ich mich: „Ist es überhaupt notwendig, dass alle Kinder in die gleiche Richtung wachsen, wie aufgereihte Bäume in einer Baumschule? Stellen Sie doch einmal eine Pflanze in die Fensterbank. In welche

Richtung wird sie wachsen? Immer zur Sonne! Die Sonne, als Quell des Lebens, zieht diese Pflanze. Sie wächst und gedeiht, dabei muss sie nicht unbedingt gerade wachsen. Sie wächst, wie die Natur es ihr vorgibt.

Wir können uns in der Kindererziehung noch so sehr anstrengen, letztendlich halten wir nicht alle Fäden in der Hand. Wenn die Sonne unseren Kindern guttut, lassen wir sie darin erblühen und wachsen, auch wenn der Stamm nicht immer hundertprozentig gerade wird. Behalten wir stets im Sinn: „Nobody is perfect." Wenn ich es nicht bin, warum muss es dann mein Kind sein?

Seit knapp zwei Jahren lebe ich daher wieder allein. Wie geht es mir damit. In meiner kleinen Wohnung fühle ich mich sehr wohl. Schaue mir hin und wieder einen Film an, von dem ich denke, der hätte meiner Frau auch gefallen und dabei habe ich auf meine alten Tage noch eine erstaunliche Entdeckung gemacht. Es gibt Filmszenen die nicht unbedingt traurig sind und dennoch kommen mir die Tränen, einfach, weil es eine schöne lebensnahe Szene ist. Werde ich auf meine alten Tage noch sentimental?

Auch ein Mann hat Gefühle, wenn dass manche Frauen auch nicht wahr haben wollen. Es mag sein das es daran liegt das viele Männer ihre Gefühle nicht zeigen können. Seitdem ich gelernt habe, das Gegenteil von dem zu tun, was Männer sonst üblicherweise tun, bin ich glücklich und zufrieden. Ich habe mein Wort gehalten: Nie wieder einen „Freizeitpark der Psyche" besucht. Tabletten sind aus meinem Schrank verbannt obwohl ich Diabetiker bin. Gesunde Ernährung, Bewegung ist besser als Chemie. Reinigen Sie ihren Körper und Geist.

Dazu eine Buchempfehlung: Die Tipps haben mich persönlich ein ganzes Stück weiter gebracht. Lesen Sie aufmerksam das Buch von Dr. Sandra Cabot: Das Leber Reinigungs-Programm. Sie werden begeistert sein, wenn Sie es anwenden

Entgiften Sie ihren Körper. Sie werden feststellen, dass damit auch Psychosomatische Störungen reduziert werden können, bei einigen sind sie sogar ganz verschwunden.

Das widerspricht sich allerdings mit der Meinung des Professors meiner Klinik, der sagte, „ein Leiden lässt sich nicht heilen"! Probieren Sie es selbst aus. Auch Ärzte müssen nicht immer Recht behalten. Darum noch einen letzten Tipp an alle die dieses Buch lesen. Dieses Buch sollte eigentlich nur ein persönliches Tagebuch sein und nun ist es am Ende noch zu einem kleinen Ratgeber geworden. Beachten Sie, dass ich kein Fachmann bin. Stellen Sie alles auf den Kopf was Sie lesen. Tausende von Ratgebern, unterschiedliche Meinungen, alles kann nicht richtig sein. Das bedeutet aber auch, dass nicht alles falsch ist.

Verschaffen Sie sich einen gesunden Menschen-verstand. Hören Sie tief in sich hinein und stellen fest was das Beste für Sie ist. Ich wünsche Ihnen ein unbeschwertes und glückliches Leben ob Sie es nun allein oder in einer Partnerschaft verbringen. Was auch immer Sie in Zukunft machen wollen, welchen Rat Sie auch immer befolgen oder nicht befolgen, denken Sie stets an eines, ja verinnerlichen Sie es:

„Liebe Deinen Nächsten wie Dich selbst"